Inhaltsverzeichnis

Inhaltsverzeichnis

Katja Schlottke

UNVERLERN DICH

90 TAGE RAUS AUS DER GEDANKENMATRIX

Dein Fokus wird dein Erfolg

Willkommen.

„Dieses Buch ist kein Ratgeber. Es ist ein Weckruf. Ein Ausbruch. Eine Einladung, das zu verlernen, was dich nie weitergebracht hat. Denn was du heute denkst, bestimmt, was du morgen bist. Willkommen auf deiner 90-Tage-Mission zur mentalen Selbstbefreiung."

Du hältst kein Buch in der Hand. Du hältst einen Wegweiser zu dir selbst. In den nächsten 90 Tagen wirst du nicht einfach lesen – du wirst erleben, hinterfragen, entkoppeln, fühlen, erschaffen. Dieses Buch ist dein Mentorfeld, dein Forschungsraum, dein Spiegel. Mit jedem Tag wirst du mehr von dir erkennen – und zugleich weniger von dem brauchen, was dich bisher zurückgehalten hat.

Du wirst:

✓ alte neuronale Muster überschreiben

✓ mentale Klarheit gewinnen

✓ dein Unterbewusstsein verstehen und neu programmieren

✓ Körper, Geist und Frequenz synchronisieren

✓ lernen, wie du nicht mehr suchst, sondern selbst Antwort wirst

Impressum

© 1. Auflage 2025 Katja Schlottke

www.katja-schlottke.de

Verlag: BoD · Books on Demand GmbH, Überseering 33, 22297 Hamburg, bod@bod.de

Druck: Libri Plureos GmbH, Friedensallee 273, 22763 Hamburg

ISBN: 978-3-8192-2853-7

Dies ist kein Buch. Es ist ein Exit.

- Wenn du ein bisschen Motivation gesucht hast – bist du hier falsch.
- Wenn du ein bisschen Inspiration wolltest – auch falsch.
- Wenn du aber sagst: „Ich hab keinen Bock mehr auf mein eigenes mentales Gefängnis" – dann bist du sowas von richtig.

Dieses Buch ist kein netter Ratgeber.
Es ist kein Feelgood-Dings, das du abends querliest. Es ist ein Handbuch für Rebellen. Für Systemstörer. Für Menschen, die sagen: Ich will nicht nur anders denken. Ich will mich entknoten. Neu verdrahten. Neu leben. Du musst nichts hinzufügen, du darfst verlernen.
Und damit beginnen wir. Jetzt.

Du sitzt hier – nicht zum Zeitvertreib. Du liest diese Zeilen, weil etwas in dir bereit ist. Vielleicht leise. Vielleicht noch zweifelnd. Aber bereit. Für Veränderung. Für Wahrheit. Für dein echtes Ich. Und heute ist der Tag, an dem der erste Riss entsteht.
Nicht in dir. Sondern in der Matrix, die du lange für dich gehalten hast.

Neurofakt zum Staunen:
Dein Gehirn scannt deine Umgebung ca. 6x pro Sekunde – aber es filtert 95 % aller Eindrücke heraus, um dich nicht zu überfordern.
Was übrig bleibt? Das, woran du gewöhnt bist. Das, was du glaubst. Das, was du erwartest.
Heißt: Du siehst nicht, was ist – du siehst, was du gelernt hast zu sehen.
Ab **Heute** ändern wir das.

MANIFEST: „UNVERLERN DICH!"

Das Herzstück deiner mentalen Revolution

Ich bin nicht, was mir beigebracht wurde zu sein.
Ich bin nicht meine Limitierungen, nicht meine Blockaden,
nicht mein „So bin ich halt".
Ich bin nicht meine Vergangenheit. Ich bin das, was ich jetzt
neu wähle.
Ich glaube nicht mehr, dass Veränderung schwer sein muss.
Ich glaube an Neuroplastizität. An Gedankenkraft. An tägliche
Entscheidungen, die Großes bewirken.
Ich verlerne, was mich klein gemacht hat. Ich verlerne, was
mich blockiert hat. Ich verlerne, was ich übernommen habe,
ohne zu prüfen, ob es zu mir passt. Ich bin bereit, neue Wege
im Kopf zu gehen.
Neue Muster zu schreiben. Neue Gedanken zu denken, die
mich stark machen.
Ich bin keine Wiederholung. Ich bin ein Original in Entfaltung.

Unverlern Dich.
- Jeden Tag ein bisschen mehr.
- Jeden Tag ein bisschen freier.
- Jeden Tag ein bisschen echter.

Einleitung: Du bist kein Betonkopf

„Was Hänschen nicht lernt, lernt Hans nimmermehr" – hast du diesen Satz auch als Kind gehört? Vielleicht sogar geglaubt? Tja. Dann darf ich dir heute sagen: Willkommen im 21. Jahrhundert – dein Gehirn ist längst kein altes Tonbandgerät mehr, das man einmal aufnimmt und dann nie wieder verändert.

Unser Hirn ist ein wandelbares, flexibles, unfassbar lernfähiges Organ – ein echtes Powerpaket. Und das bleibt es – egal, ob du 19 bist oder 79. Der Fachbegriff dazu heißt **Neuroplastizität** – und das ist kein moderner Hokuspokus, sondern knallharte Wissenschaft. Unser Gehirn baut ständig neue Verbindungen auf, schafft neue Autobahnen im Denken, wenn wir ihm den Input dazu geben. Nicht umsonst sagen Forscher: „Neurons that fire together, wire together." („Neuronen, die gemeinsam feuern, verdrahten sich gemeinsam).

Mit diesem Buch wirst du genau das tun: Du wirst neue Verbindungen schaffen. Neue Denkweisen entdecken. Neue Handlungsräume erschließen. Und das in nur 90 Tagen – durch kleine, aber tiefgehende tägliche Impulse, Übungen und manchmal auch Gedankenkicks, die dich schmunzeln, staunen oder still werden lassen.

Dieses Buch basiert auf wertvollen Erkenntnissen aus der modernen Gehirnforschung. Du brauchst kein Studium der Neurowissenschaften, um mitzumachen. Alles, was du brauchst, ist: Neugier, Lust auf Veränderung – und ein Funke Mut, dich selbst neu zu denken.

Du musst nichts werden, was du nicht bist.

Aber du darfst endlich verlernen, was dich davon abhält, das zu leben, was längst in dir steckt.

Dein Gehirn ist ein lebendiges, aktives, neugieriges kleines Wunderwerk – es liebt Veränderung. Es lernt, es verlernt, es verknüpft um, löscht, ergänzt, überrascht. Und das Beste: Es hört niemals damit auf.

Ganz gleich, wie alt du bist, wie oft du schon gesagt hast: „Ich bin halt so", oder wie oft du dir eingeredet hast, dass du Mathe, Sport, Sprachen oder Ordnung einfach nicht kannst – dein Gehirn wäre bereit. Es wartet nur darauf, dass du es ernst meinst.

Nicht ernst im Sinne von „streng", sondern ernst im Sinne von ehrlich neugierig.

Denn wenn du eins mit diesem Buch lernen wirst, dann ist es das: Du bist formbar. Deine Gedanken sind veränderbar.

Deine Realität ist kein starres Konstrukt – sie ist das Ergebnis deiner inneren Programmierung.

Warum 90 Tage?

Es braucht Zeit, um neue Gewohnheiten zu etablieren – aber nicht Jahre, sondern genau drei Monate, wenn du's clever anstellst. In etwa 90 Tagen kann dein Gehirn beginnen, neue Autobahnen zu bauen.

Stell dir vor, du bist dein Leben lang auf der holprigen Landstraße deiner Gedanken gefahren, vorbei an denselben Sorgen-Tankstellen, durch dieselben Grübel-Kreisel, immer wieder Richtung „Ich kann das nicht"-Tal.

Und jetzt? Jetzt rollen wir mal den Teerwagen aus. Du fängst an, neue Wege zu legen. Klar – die ersten Fahrten sind noch wackelig. Aber: Mit jedem Gedanken, mit jeder bewussten Entscheidung, mit jeder Übung in diesem Buch... verstärkst du die neue Route.

Und eines Tages... fährst du ganz automatisch dort lang. Ohne Navi. Ohne Zweifel. Weil dein Gehirn gelernt hat: Hier geht's lang. Hier bin ich frei.

Was dich in diesem Buch erwartet:
Dieses Buch ist kein klassischer Ratgeber. Es ist dein
Trainingscamp für den Kopf. Jeden Tag bekommst du einen
Impuls, eine Übung, eine kleine Herausforderung oder einen
Perspektivwechsel, der dein Denken kitzelt. Mal sanft, mal mit
Ansage. Aber immer mit dem Ziel: Dich zu ent-wickeln. Und
zwar im wörtlichen Sinne.
Stell dir vor, du bist ein Geschenk – und wir machen
gemeinsam das ganze alte Verpackungszeug weg: Den
Zweifels-Kleber, das „Ich darf das nicht"-Geschenkband, das
„Was denken die anderen"-Seidenpapier.
Darunter liegt etwas Echtes. Neues. Klareres. Und dieses
„neue Du" liegt nicht irgendwo da draußen – es liegt in dir,
bereit freigeschaltet zu werden.

Ein Versprechen zum Schluss dieser Einleitung:
Ich nehme dich mit auf eine Reise. Kein Zuckerschlecken.
Aber mit Humor. Mit Herz. Und mit dem festen Glauben daran,
dass du nicht werden musst, was andere in dir sehen –
sondern dass du entdecken darfst, was wirklich in dir steckt.
Also: Atme durch. Blätter um. Und fang an, dich zu
unverlernen.

Warum wir an Blockaden festhalten – obwohl sie uns schaden

Es gehört zu den größten Paradoxien des Menschseins: Wir wissen, dass uns bestimmte Gedanken, Gewohnheiten oder Muster nicht guttun. Wir spüren, wie sie uns Energie rauben, uns klein halten, uns ausbremsen. Und trotzdem… halten wir daran fest.

Warum? Weil das Gehirn ein echtes Gewohnheitstier ist – und weil Veränderungen unbequem sind.

Die Macht der Muster

Unser Gehirn liebt Abkürzungen. Es sucht nach Wegen, um Energie zu sparen – und Gewohnheiten sind dafür die perfekte Lösung dafür. Egal ob nützlich oder destruktiv: Wenn ein Verhalten oft genug wiederholt wurde, läuft es irgendwann auf Autopilot.

Was vertraut ist, fühlt sich sicher an – selbst wenn es uns unglücklich macht.

Komfortzone = Sicherheitsillusion

Die Komfortzone wird oft romantisiert: Kuschelig, warm, überschaubar. Aber in Wahrheit ist sie oft nichts weiter als ein mentaler Käfig, in dem alte Muster den Ton angeben.

Veränderung bedeutet für das Gehirn: Aufwand. Risiko. Unbekanntes Terrain. Und genau davor schreckt es zurück – aus einem Ur-Reflex heraus, der uns einst das Überleben gesichert hat.

Der Weg raus beginnt mit Klarheit

Veränderung braucht keine Radikalität. Sie braucht Bewusstsein. Denn du kannst nur ändern, was du erkennst. Und genau da setzt Wachstum an: Nicht im „alles muss anders", sondern im „ich verstehe mich besser."

Vier Dinge, die dir auf dem Weg helfen können:

✔ *Selbstreflexion:*

Was gibt mir mein altes Muster? Welche Angst steckt darunter?

✔ *Mini-Schritte statt Mega-Sprünge:*

Gehirne lieben Wiederholungen – also wiederhole lieber kleine neue Schritte oft, statt dich in riesigen Plänen zu verlieren.

✔ *Sprich drüber:*

Veränderung muss kein Solo-Trip sein. Manchmal reicht ein Gespräch, um Licht in blinde Flecken zu bringen.

✔ *Sei nicht so streng mit dir:*

Du hast dir deine Muster nicht aus Bosheit antrainiert. Also sei genauso liebevoll mit dir, wenn du sie jetzt umprogrammierst.

Fazit: Veränderung braucht nicht Perfektion – nur Bereitschaft

Blockaden zu lösen ist kein lineares Ziel. Es ist ein Prozess. Manchmal laut. Manchmal still.

Aber immer ein Akt von innerer Stärke. Und mit jeder bewussten Entscheidung, mit jedem neuen Gedanken, mit jedem kleinen „Ich mach's diesmal anders" – schreibst du ein neues Kapitel in deinem mentalen Betriebssystem.

Und das, lieber Leser, ist nichts weniger als echtes Wachstum.

Tag 1 – Der erste Riss in der Matrix
*„Heute ist ein perfekter Tag, um auszubrechen – nicht aus
deinem Leben, sondern aus deinem alten Denken."*

„Veränderung beginnt nicht mit einem Knall. Sondern mit
einem Flüstern, das du endlich hörst."
Du hast heute ein Buch in der Hand, das dich auf eine Reise
mitnimmt – 90 Tage raus aus alten Gedankenschleifen, rein in
ein Denken, das dich nicht begrenzt, sondern befreit.
Und vielleicht merkst du jetzt schon: Es kribbelt ein bisschen.
Da ist dieses Gefühl von „Ich bin bereit." Aber da ist vielleicht
auch eine Stimme, die flüstert: „Ob du das durchziehst?"
„Was soll sich denn ändern – du bist doch schon so lange so."
Willkommen in der Matrix deiner Muster.

Was ist „die Matrix" eigentlich?
Nicht nur ein Filmklassiker mit Sonnenbrille und Slow-Mo.
Sondern ein Sinnbild für das, was viele Menschen tagtäglich
erleben: Ein Leben im Autopilot, im „So bin ich halt", in
Denkschleifen, die sich immer wiederholen. Du wachst auf,
greifst zum Handy, trinkst den gleichen Kaffee, hast ähnliche
Gedanken wie gestern – und wunderst dich, warum sich nichts
ändert.
Das ist die Matrix.
Ein Netzwerk aus alten Programmen, Gewohnheiten und
inneren Überzeugungen, das dich in deiner Komfortzone hält –
selbst wenn du darunter leidest.

Heute geht's nicht darum, die ganze Matrix zu sprengen.
Heute geht's darum, den ersten feinen Riss entstehen zu
lassen. Ein Riss, durch den Licht dringt. Ein Moment, in dem du
dir selbst ehrlich gegenübertrittst und sagst: „Ich bin mehr als
meine Muster." Nicht perfekt. Nicht immer stark. Aber bereit.

Die Frage, die den Riss öffnet:
Was in meinem Leben ist „normal" geworden – aber fühlt sich
im Herzen nicht mehr richtig an?
Nimm dir dafür Zeit. Mach die Augen zu. Spür hin. Nicht
denken. Spüren.
**Schreib alles auf, was kommt – selbst wenn es unbequem
ist. JETZT!**

NeuroFact:
„Dein Gehirn verändert sich nicht durch Wissen, sondern
durch Erleben. Wenn du heute etwas fühlst, was du sonst nur
denkst, entsteht ein neuer neuronaler Pfad."

Die heutige Übung – Spiegelmoment

Nimm dir 5 Minuten Zeit. Nur für dich. Und stelle dich vor einen Spiegel.

Schau dir selbst in die Augen – wirklich. Ohne Handy, ohne Ablenkung.

Und sprich folgenden Satz laut aus (ja, laut – dein Gehirn hört besser zu, wenn du sprichst):

„Ich bin bereit, mich zu verlernen – um mich neu zu entdecken."

Atme tief ein. Und wieder aus. Was passiert in dir, wenn du diesen Satz sagst? Kommt Widerstand? Spürst du Gänsehaut? Lächelst du? Schluckst du?

Was auch immer du fühlst – es ist willkommen. Denn du hast gerade nicht nur einen Satz gesagt. Du hast ein neues Programm gestartet. Du hast deinem Gehirn das Signal gegeben: **„Achtung – hier entsteht etwas Neues."**

Und jetzt noch einmal:

Sag laut (mit Druck, nicht Flüstern): „Ich bin bereit, mich zu verlernen – um mein Leben neu zu bauen."

Lege deine Hand auf dein Herz. Spür den Satz dort.

Mach eine Bewegung, die du NIE machst. Dreh dich, streck dich, spring – egal was.

Dein Körper soll merken: Etwas beginnt sich zu ändern.

Konkrete Handlung:

Schreib heute eine Liste mit allem, was du oft tust – aber nicht mehr tun willst.

Nenne sie: Meine persönliche Entsorgungsliste der Matrix

Und dann: Such dir eine Sache aus – und lass sie für 24h bewusst weg.

Egal wie klein. Handlung = Macht.

Tagebuch-Impuls für heute:
- Was ist ein Verhalten oder Gedanke, von dem ich tief in mir weiß, dass er mir nicht mehr dient – aber den ich trotzdem immer wieder wiederhole?
- Wenn dieses Verhalten ein Ort wäre – wie sähe er aus? (Werde ruhig kreativ: Ein dunkler Tunnel, ein Hamsterrad, ein gemütlicher Sessel?)
- Was würde passieren, wenn ich heute nur einen Schritt raus aus diesem Ort mache?

Abschlussgedanke:
Du musst heute nicht perfekt sein. Du musst nur anfangen, nicht mehr dieselbe Geschichte über dich selbst zu erzählen.
Das ist dein erster Riss in der Matrix.
Und morgen? Morgen wird durch diesen Riss mehr Licht fließen.

Reflexionsfrage am Abend:
Hat mein Tag heute gleich angefangen – oder anders?
Und: Wer war **heute** etwas mehr Ich – das Ich von gestern oder das neue ICH?

Reminder:
Wenn du dein Leben nicht selbst programmierst, tut es jemand anderes.
Ein altes Muster. Eine alte Angst. Ein fremder Gedanke.
Heute warst du zum ersten Mal neu. Morgen gehst du weiter.

Gedankenmatrix Decoder:
- Was hab ich heute gedacht, das gar nicht zu mir gehört?
- Was davon lasse ich los?
- Was kommt stattdessen?

Hier flüstert mein Zukunfts-Ich:

____

Was hat heute in mir Wurzeln geschlagen?

Tag 2 – Die Autopilot-Illusion – oder: Wie dein Gehirn dich austrickst

„Gewohnheit ist wie ein Algorithmus: Sie macht dein Leben effizient – aber nicht unbedingt wahr."

Heute schauen wir uns ehrlich an: Wie viel von dem, was du täglich denkst, tust oder fühlst, hast du wirklich selbst gewählt?

Neuro-Reality-Check:
- Du denkst 60.000 – 80.000 Gedanken pro Tag.
- 95% sind unbewusste Gedanken.
- Über 90 % davon sind Wiederholungen.
- Und das Gehirn hat kein Bewertungssystem, ob das gut oder schlecht ist.
- Es denkt einfach weiter, was es gewohnt ist.

Gewohnheit = Vertrautheit.
Vertrautheit = Sicherheit.
Sicherheit = Überleben.

Aber Überleben ist nicht dasselbe wie Erleben. Und schon gar nicht wie Gestalten.

Kognitiver Hammer:
Wenn du immer auf dieselbe Art denkst, werden deine Neuronen irgendwann taub für neue Impulse. Sie verschalten sich so oft auf dieselbe Weise, dass neue Informationen gar nicht mehr durchkommen. Du wirst dann nicht „unfähig" – du wirst unflexibel. Deshalb wirken viele Menschen „festgefahren" – es ist keine Charaktereigenschaft.
Es ist neuronale Versteinerung.
Heute hacken wir das System.

Die Übung: Auto-Ausbruch

1. Schreibe 5 Routinen auf, die du täglich tust – in derselben Reihenfolge.
2. Brich heute 3 davon.
   ◦ Zähneputzen mit der anderer Hand.
   ◦ Frühstück an einem anderen Ort.
   ◦ Neue Strecke zur Arbeit.
   ◦ Begrüßung mal nicht mit „Na?" – sondern mit was Schrägem.
3. Dein Gehirn wird irritiert sein. Perfekt.
4. Das ist dein Wachrüttler.
5. Das ist der Denk-Riss, der Tiefe bekommt.

Kleine „Matrix-Schock"-Frage:

Was wäre, wenn 80 % deiner Gedanken gar nicht du bist – sondern alte Aufnahmen aus Schule, Elternhaus, Umfeld? Und du denkst sie nur weiter, weil's bequem ist?

Handlungsbooster:

Erfinde heute ein neues Ich – nur für heute. Gib ihm einen Namen. Einen Charakter. Eine Haltung. Spiel es. Erlebe, wie sich dein Körper, deine Stimme, dein Denken verändert.
Nicht für immer. Nur für einen Tag. Für HEUTE!
Dein Gehirn liebt Rollenspiele – es nennt das „Simulation".
Und Simulation ist der erste Schritt zur echten Transformation.

Reflexion:

- Wie fühlt es sich an, bewusst aus der Routine auszubrechen?
- Was hat mein Gehirn mir heute gesagt – was mein Herz?

Abschlussimpuls:

Der Autopilot schützt dich. Aber nur du entscheidest, wohin du fliegst.

Tag 3 – Was du täglich denkst, denkst nicht du
„Gedanken sind wie Kleidung – die meisten trägst du, ohne sie selbst ausgesucht zu haben."

Entlarve den inneren Radiomoderator
Stell dir mal vor, in deinem Kopf läuft ein Radio. Und jeden Tag sendet es dieselbe Playlist: „Ich muss funktionieren", „Das schaff ich eh nicht", „Ich darf nicht auffallen", „Was, wenn ich versage?" – und zwischendurch ein paar Werbespots von früher:
„Du bist zu laut." „Mach erst mal was Richtiges." „Sei nicht so empfindlich." "Du bist nicht der Nabel der Welt."

Aber hier kommt der spannende Punkt:
Du hast diese Songs nicht geschrieben. Du hast sie nur oft genug gehört – bis dein Gehirn sie als Wahrheit gespeichert hat. Gedanken sind keine Fakten. Gedanken sind Wiederholungen mit Überzeugung.
Und genau das drehen wir heute um.

Code Breaker-Übung: „Gedanken-Remix"
So geht's:
1. Schreibe 3 Gedanken auf, die du oft über dich denkst und die dich klein halten.
2. (z. B.: „Ich bin nicht gut in …", „Ich darf nicht …", „Ich bin zu …")
3. Frag dich bei jedem Gedanken:
4. „Wem gehört dieser Satz ursprünglich?"
5. (Mama? Lehrer? Ex? Gesellschaft?)

____

____

____

____

Jetzt der Remix:

Schreibe jeden dieser Gedanken in 3 neuen Versionen um:

- Eine ironische (übertreibe ihn: „Ich bin so unfähig, ich schaff's nicht mal, richtig zu versagen")
- Eine neutrale Formulierung (Fakt: „Ich habe in XY noch keine Routine.")
- Eine empowerte Version („Ich darf neu lernen, was ich noch nicht lebe.")

Warum das wirkt:

Damit aktivierst du 3 verschiedene neuronale Zugänge: Emotion, Objektivität, Entscheidungskraft. Das ist kein Umdenken – das ist **Neuprogrammierung**.

Gedankenmatrix Decoder & Reflexion
Gedanke heute entlarvt:

Wem gehört er wirklich?

Was passiert, wenn ich ihn 7 Tage nicht mehr denke?

Neuer Gedanke, der heute in mir gewachsen ist:

Muster, das ich heute bewusst gestoppt habe:

Ich erkenne die Schleife – und gehe weiter.

Abschlussgedanke:
Du bist kein Papagei deiner Vergangenheit. Du bist der Autor
deiner nächsten Zeile.

Tag 4 – Die Komfortzonenlüge
*„Nur weil etwas bequem ist, heißt das nicht, dass es dir gut tut.
Ein Sofa kann auch schimmeln."*

NeuroFact:
Das Gehirn bewertet neue Erfahrungen nicht nach Wahrheit
oder Sinn – sondern nach Energieaufwand.
Es sagt: „Kenn ich nicht = anstrengend = lieber lassen."
Und so entstehen neuronale Gewohnheitsschleifen – nicht aus
Logik, sondern aus Faulheit.

Komfortzone als Käfig mit Kuscheldecke
Die Komfortzone klingt erstmal gar nicht so schlimm, oder?
Sie heißt ja „Komfort". Doch in Wahrheit ist sie oft ein goldener
Käfig, tapeziert mit Ausreden. Gefüllt mit „Ich bin halt so",
„Dafür ist es jetzt zu spät", „Das klappt eh nicht".
Die Komfortzone ist ein Ort, in dem du funktionierst – aber
nicht wächst. Ein mentaler Raum, der dich in Sicherheit wiegt,
aber leise verhindert, dass du das Leben lebst, das du fühlen
willst. Sie gibt dir ein Gefühl von Kontrolle. Aber nur, weil sie
dir ständig dasselbe serviert. Und wenn du immer dasselbe
fühlst, glaubst du irgendwann, das bist du.
Doch du bist so viel mehr.

Code Breaker-Übung: „Komfortzonenkarte"
Visualisiere deine Komfortzone – aber nicht in Worten. In
Bildern.
- Zeichne einen Kreis (groß – das bist du)
- Male oder schreibe alles hinein, was du täglich tust,
  denkst, fühlst – was dich sicher fühlen lässt, aber
  eigentlich einengt
- Denkblockaden
- Routinen
- Menschen, bei denen du dich verstellst

- Gewohnheiten, die dir Energie ziehen

Außerhalb des Kreises:

- Dinge, die du gerne würdest, aber „nicht kannst"
- Versionen von dir, die du noch nicht lebst
- Gedanken, die sich wild und frei anfühlen
- Jetzt zieh einen Riss durch den Kreis
- Dein persönlicher „Gedankenmatrix-Exit"
- Markiere den Punkt, an dem du heute bewusst ausbrichst

Gedankenmatrix Decoder & Reflexion

- Was hält mich in der Komfortzone?
- Was wäre der kleinste Schritt hinaus?
- Was gibt mir das Gefühl von Sicherheit, obwohl es mich eigentlich begrenzt?
- Heute habe ich mich getraut, …
- Mein Autopilot sagt: bleib. Mein neues Ich sagt: geh.

Abschlussgedanke:

Wachstum fühlt sich nicht sofort gut an. Aber eines Tages fühlt es sich nach dir an.

NOTAUSSTIEG AUS ALTEN MUSTERN – IN 3 MINUTEN

Nutze diesen Shortcut, wann immer du merkst: Ich bin wieder im alten Loop.

Was passiert neurologisch bei einem Muster?
Dein Gehirn ist ein Meister der Effizienz. Einmal eingeübte Gedanken-, Gefühls- oder Verhaltensketten werden zu „Highways" im Gehirn, die mit jeder Wiederholung tiefer eingegraben werden.
Diese Bahnen nennt man „engrammatische Verschaltungen" – also neuronale Pfade, die sich verselbstständigen.

Heißt: Du denkst oder fühlst nicht, weil es Sinn macht – sondern weil dein Gehirn das schon so oft gemacht hat, dass es wie ein Autopilot anspringt.
Und dieser Autopilot reagiert schneller als dein bewusstes Ich. Er feuert, bevor du eingreifst. Deshalb musst du nicht nur denken, sondern auch handeln, anders fühlen, anders atmen.

DER 3-MINUTEN-NOTAUSSTIEG

🔴 **Phase 1 (30 Sekunden): Körper glitch!**
Ziel: Muster stören durch ungewohnte Bewegung = Synapsen-Ausbruch
- Stelle dich sofort auf und mache eine Bewegung, die du nie tust. (z. B. Schütteln, Tanzen, einen Löwenschrei, einen albernen Hampelmann – egal was, Hauptsache ungewohnt.)
- Deine Synapsen hassen das – und genau das ist der Punkt.
- Du schickst ein Signal an dein limbisches System:
„Achtung! Musterunterbrechung!"

🔵 **Phase 2 (1 Minute): Neuronale Umkodierung**
Ziel: Denk-Highway verlassen & neue Pfade markieren
- Sprich laut diesen Satz – oder formuliere deinen eigenen:
„Stopp. Dieser Gedanke war alt. Ich bin jetzt da. Ich darf neu."
- Dann formuliere eine komplett andere Sichtweise –
- auch wenn du noch nicht daran glaubst!
- (z. B.: „Ich versage gerade" - „Ich wachse durch diese Spannung gerade raus aus dem alten Ich.")

Wichtig: Sag's laut, nicht im Kopf.
Das aktiviert die präfrontale Kontrollschleife, die dein Gehirn neu ausrichtet.

⬤ Phase 3 (90 Sekunden): Anker setzen
Ziel: Neues Gefühl speichern – Körper merkt sich Gefühle, nicht nur Gedanken.
- Lege deine Hände auf dein Herz und auf deinen Bauch.
- Atme 7x bewusst ein und aus. Langsam.
- Mit jedem Atemzug:
- „Ich bin mehr als mein Muster."
- Spür in dich rein:
- Wie würde sich dein neues Ich JETZT fühlen?
  - Aufrecht?
  - Leicht?
  - Entschlossen?
  - Ruhig?

Halte dieses Gefühl mindestens 60 Sekunden fest.
Das Gehirn beginnt erst nach ca. 30 Sekunden, emotional relevante Synapsen zu stärken.
Kurzfühlen reicht nicht – fühle länger.

Abschlussgedanke:
Du brauchst keinen perfekten Plan. Nur den Mut, alte Spuren zu stören – und neue zu betreten. Immer wieder. Immer mehr. Und irgendwann: ganz automatisch.

Break – Wissenschaft trifft Wirklichkeit
Wie dein Gehirn Erinnerungen speichert – und was das mit deiner Transformation zu tun hat.

Die drei Kopien im Gehirn (Forschung Universität Basel, 2024):
1. Schnell, aber vergänglich:
Neuronen, die spät in der Entwicklung entstanden sind, speichern die Erinnerung sofort sehr stark – aber sie verblasst wieder.

Diese Kopie ist formbar, offen, editierbar – vor allem direkt nach dem Erlebnis.

2. Stabil, aber unflexibel:
Früh entwickelte Neuronen speichern dieselbe Erinnerung leise und schwach – sie wird erst später abrufbar.
Wenn du dich lange Zeit später erinnerst, greifst du auf diese Version zu – und die ist kaum noch veränderbar.

3. Die Balance-Kopie:
Eine dritte Gruppe von Neuronen speichert stabil und relativ flexibel – sie ist langfristig abrufbar, aber auch moderat veränderbar.

Was heißt das für dich?
Wenn du eine Erfahrung machst, dann ist nicht nur das Erlebnis entscheidend – sondern wie du in den Stunden, Tagen und Wochen danach damit umgehst. Wenn du direkt nach einem Erlebnis beginnst, es anders zu interpretieren, hast du die Chance, die „flexible Kopie" umzuschreiben. Aber wenn du es immer wieder gleich bewertest („war peinlich", „ich bin unfähig"...), verhärtet sich die tiefere Kopie – und dein Gehirn macht daraus: „Das ist jetzt deine Wahrheit."

So nutzt du diesen Fakt in deinem Alltag:
- Beginne direkt nach intensiven Erlebnissen mit einer bewussten Neubewertung.
- Frag dich: „Was ist hier noch möglich zu sehen?"
- Schreibe 1–2 Sätze dazu auf – das hilft, die flexible Kopie umzuschreiben.
- Wiederhole gezielt neue Gedanken, um der älteren, „eingravierten" Kopie einen neuen Kontext zu geben.

Denk mal drüber nach:
Wenn du dich erinnerst, erinnerst du dich nie nur an das, was war – sondern an das, was dein Gehirn aus der Erinnerung gemacht hat.

Dein Fazit:
„Ich bin halt so, weil das immer so war" – ist kein Argument. Es ist nur eine lange gespeicherte Version einer Erinnerung. Und diese Version kannst du neu überschreiben. Nicht alle auf einmal – aber Eine nach der Anderen.

Neuro-Deep-Dive #1
„Wie viele Erinnerungen speicherst du wirklich?" – Und was das mit deiner Transformation zu tun hat.

Die Erinnerung ist keine Datei – sie ist ein Netzwerk in Bewegung.
Du erinnerst dich an eine Kindheitsszene. Du siehst ein bestimmtes Gesicht vor dir. Du spürst, wie sich eine Erfahrung „in dich eingebrannt" hat.
Aber was du nicht wusstest: Diese Erinnerung existiert in dir mehrfach – in drei verschiedenen Versionen.

Die wissenschaftliche Sensation: Drei Gedächtnis-Kopien. Ein Ereignis.
Wissenschaftler der Universität Basel (Flavio Donato, 2024) haben entdeckt:
Ein einzelnes Erlebnis wird gleichzeitig in drei verschiedenen Neuronengruppen gespeichert – und jede dieser Gruppen geht anders damit um.

<u>**Die drei Erinnerungskopien:**</u>

Neuronengruppe...	*Speichert ...*	*Besonderheit*
Späte Neuronen	Sofort stark	Verblasst schnell, dafür extrem formbar
Frühe Neuronen	Erst schwach	Wird erst mit Zeit stark, dann aber kaum veränderbar
Mittlere Neuronen	Stabil	Langfristig abrufbar aber nur moderat anpassbar

Was heißt das für deine persönliche Veränderung?
Wenn du ein Erlebnis hast – egal ob unangenehm, schön, peinlich oder herausfordernd – dann zählt nicht nur, was passiert ist. Sondern vor allem, wie du in den ersten Stunden und Tagen danach darüber denkst. Denn dann ist dein Gehirn noch im „Editiermodus". Denkst du „Ich bin gescheitert", wird das gespeichert. Denkst du „Ich hab's versucht und bin gewachsen", wird das gespeichert. Und je öfter du diesen Gedanken wiederholst, desto tiefer wandert er in dein neuronales Gedächtnisnetz. So entstehen Identitäten – durch Wiederholung, nicht durch Wahrheit.

Du kannst Erinnerungen nicht löschen – aber du kannst sie umprogrammieren

Du kannst der alten, tief eingeprägten Kopie einen neuen Ton unterlegen. Wie bei einem Film, dessen Soundtrack du austauschst. Das Bild bleibt – aber die Wirkung ist eine andere.

Mikro-Übung: Erinnerung neu beschreiben

1. Wähle eine prägende Erfahrung, an die du oft denkst (z. B. aus Schulzeit, Beziehung, Arbeit).
2. Schreibe 1–2 Sätze, wie du bisher darüber gedacht hast.
3. Jetzt schreibe die gleiche Erinnerung aus der Sicht deines heutigen Ichs. – Was hast du gelernt? – Was war damals nicht sichtbar? – Welche Kraft lag im Schmerz?

Du aktivierst damit genau die Neuronen, die eine neue Kopie möglich machen.

Fazit:
Du erinnerst dich nicht nur an das, was war. Du erinnerst dich
daran, was du daraus gemacht hast. Und das kannst du ab
jetzt bewusst entscheiden.

Tag 5 – Gedankenfasten Light
24 Stunden ohne negative Aussagen über dich selbst
*„Worte sind wie Gedanken mit Schuhen – sie machen
Spuren.“*

NeuroFact:
Wenn du über dich selbst sprichst, aktiviert dein Gehirn
dieselben Areale wie bei realem Erleben.
Das bedeutet: Wenn du sagst „Ich bin zu blöd“ – glaubt dein
Gehirn, du hättest gerade versagt. Und das nicht nur
emotional, sondern biochemisch messbar. Dein Stresssystem
wird getriggert – auch wenn nur Worte gefallen sind.
Die Sprache ist also nicht Reaktion – sondern
Realitätsschöpfung.

Dein innerer Erzähler entscheidet, wer du bist
Jeder Mensch hat eine Stimme im Kopf, die kommentiert.
Aber viel spannender ist die Stimme, die nach außen spricht.
Denn sobald du Worte aussprichst, veränderst du deine innere
Landschaft. Was du über dich sagst, programmierst du in
deine Identität ein.
Ein „Ich bin halt faul“ ist nicht nur ein Satz. Es ist ein Befehl an
dein Gehirn: Verhalte dich bitte entsprechend. Ein „Ich kann
das nie“ ist keine ehrliche Selbsteinschätzung – es ist ein
neuronaler Blockadebefehl.
Und genau das kannst du heute durchbrechen.

Code Breaker-Übung – Gedankenfasten Light
24 Stunden Challenge – so geht's:
Dein Auftrag:
Kein negativer Satz über dich selbst. Kein einziger. Nicht laut.
Nicht im Kopf.
Dazu zählt:
- „Ich bin halt so."
- „Ich krieg das eh nicht hin."
- „Ich bin zu emotional / faul / verplant / laut …"

Warum das wirkt:
- Du zwingst dein Gehirn, alternative Sätze zu entwickeln.
- Du gibst deinem Sprachzentrum neue neuronale Pfade.
- Du schaltest dein Selbstbild von „reaktiv" auf „bewusst schöpferisch".

Wenn du's doch sagst:
Kein Stress. Sag sofort:
„Stopp. Das war ein alter Satz. Ich darf neu formulieren."
Und dann: ersetze ihn.
z. B. „Ich bin zu verplant" - „Ich entdecke gerade meine Struktur – und das ist ein Prozess." "Ab heute bin ich motivierter..." Ich bin von Tag zu Tag...."

Gedankenmatrix Decoder & Reflexion
- Welche Sätze sind mir am häufigsten rausgerutscht?
- Was hat mein Gehirn versucht, mir eigentlich zu sagen?
- Was wäre eine neue, realistisch-liebevolle Formulierung?
- Wie hab ich mich gefühlt, als ich mich sprachlich nicht mehr abgewertet habe?
- Ich werde nicht mehr über mich sprechen, wie man nicht mal mit Fremden reden sollte.

Abschlussgedanke:
Du sprichst täglich mit dem wichtigsten Menschen in deinem Leben – mit dir. Mach diesen Dialog zu deiner Superkraft.
Und du bist der einzige Mensch, der 24 Stunden mit dir zusammen ist.

-27-

DEEP DIVE MASTERPLAN
„Was dein Gehirn dir nie laut sagen würde"

Deep Dive #1 – „Erinnerung ist keine Datei"
Thema: Drei Kopien pro Erinnerung, unterschiedlich flexibel – je nach Neuronenursprung
Anwendung: Umprogrammierung durch bewusste Re-Interpretation direkt nach Erlebnissen!

Deep Dive #2 – „Reiz – Reaktion – Raum"
Kernthema: Zwischen Reiz & Reaktion liegt die Entscheidungskraft
- Gehirn feuert innerhalb von Millisekunden – aber der präfrontale Cortex kann dazwischenfunken
- Wer lernt, diesen Mini-Moment zu spüren, gewinnt Wahlfreiheit

Übung: „3-Sekunden-Raum" – bewusstes Zählen & alternative Reaktion trainieren.

Zitat dazu: „Zwischen Reiz und Reaktion liegt ein Raum. In diesem Raum liegt unsere Macht." – Viktor Frankl

Deep Dive #3 – „Körper formt Geist" (Embodiment-Neurofakten)

Kernthema: Körperhaltung beeinflusst Gedankenqualität

- Amy Cuddy's Powerposing + aktuelle Studien: 2 Minuten Haltung ändern = andere Denkprozesse
- Spiegelneuronen & Körperfeedback: Du glaubst, wie du stehst

Übung: Tageshaltung – bewusst gewählte Power - Position einnehmen, auch wenn es schwerfällt.

Anwendung bei Ängsten, Unsicherheit, Aufschieberitis

Deep Dive #4 – „Das Default Mode Network – und warum du kein Ich bist"

Kernthema: Das sogenannte "Ruhezustandsnetzwerk" feuert, wenn wir „nichts tun" – 80 % davon ist Selbstreferenz (Vergleichen, Interpretieren, Geschichten konstruieren).

Erkenntnis: Vieles von dem, was du für "dich" hältst, ist Gedankenkino im Leerlauf.

Übung: Ich-Stop-Tag – jedes Mal, wenn „ich bin ... diese negative Gedankenspirale…" gedacht wird - innehalten - neu formulieren... SOFORT!

Deep Dive #5 – „Angst liebt Wiederholung – Sicherheit entsteht im Neuen"

Kernthema: Angstsystem (Amygdala) reagiert nicht auf Logik, sondern auf Bekanntheit. Je öfter du einen neuen Gedanken durchlebst, desto weniger reagiert die Amygdala.

Anwendung: Wiederholung gezielter Mini-Mut-Aktionen senkt Reaktionsintensität.

Zitat: „Was du oft tust, wird normal – auch Mut."

Deep Dive #6 – „Neurotransmitter & Motivation: Wie dein Gehirn dich anfeuert"

Kernthema: Dopamin, Acetylcholin & Co
- Was bringt den Drive? Was bremst?
- Warum Belohnungssysteme mehr auf Zielverfolgung als Zielerreichung reagieren.

Anwendung: Zwischenziele feiern, Mikro-Erfolge visualisieren und das täglich.

Übung: Motivations-Hack: Dopamin durch Zukunfts-Ich-Dialog.

Deep Dive #7 – „Was Gedanken physisch mit deinem Gehirn machen"

Kernthema: Dendritische Plastizität – wie aus Gedanken neue Synapsen sprießen lassen.

Nur 3 Minuten pro Tag gezieltes, emotional aufgeladenes Denken kann messbare Strukturveränderung bewirken (fMRI-Studien).

Anwendung: Powergedanken + Visualisierung = Wachstum sichtbar machen.

Deep Dive #8 – „Vergangenheit ist ein Algorithmus – nicht Realität"

Kernthema: Gedächtnis ist nicht Speicher, sondern Konstruktion. Jedes Erinnern verändert die Erinnerung ein Stück – das Gehirn schreibt bei jedem Abruf neu.

Anwendung: Reframing wird dadurch biologisch validiert

Übung: Vergangenheit „umschreiben" – bewusst, kreativ, nicht lügen – neu einordnen.

OPTIONAL: Deep Dive #9

„Gehirn, Herz, Körper – die Dreieinigkeit der Veränderung".

Integration: Was du denkst, was du fühlst, was du tust – das ist das neue DU!

Tag 6 – Dein inneres GPS (oder: Warum du immer wieder falsch abbiegst)

„Wenn du immer dieselbe Stimme fragst, bekommst du immer dieselbe Richtung."

„Dein Gehirn ist ein Navi. Aber es fragt nicht: Wo willst du hin?'
– Es fragt: "Was war bisher die sicherste Strecke?"

Neuro-Hack / Gedankenmatrix-Fact

NeuroFact:

Deine Glaubenssätze sind nichts anderes als fest verschaltete neuronale Routinen. Sie wurden durch Wiederholung + Emotion tief ins System eingraviert – und dienen dem Gehirn als mentale Orientierungspunkte.

Der Clou:

Je älter und emotional geladener ein Glaubenssatz ist, desto schneller wird er unbewusst abgerufen – als automatische Bewertung.

Ergebnis: Du reagierst – nicht auf das Jetzt, sondern auf ein altes Navigationssignal.

Wenn dein inneres Navi in der Kindheit programmiert wurde

Stell dir vor, du bekommst bei der Geburt ein inneres GPS geschenkt. Es basiert auf den Stimmen, Blicken und Reaktionen deiner Umwelt. Irgendwann sagt es dir:

„Mach dich lieber klein, sonst wirst du abgelehnt." „Sei perfekt, sonst wirst du nicht geliebt." „Streng dich an – alles muss hart sein." „Du darfst nicht auffallen."

Und so fährst du. Tag für Tag. Nicht weil du willst – sondern weil dein inneres Navi dir sicherheitshalber dieselbe Route vorschlägt. Aber Sicherheit ist nicht gleich Richtigkeit. Und du darfst heute entscheiden, neue Koordinaten einzugeben.

Code Breaker-Übung – Dein Glaubenssatz-Detektor

So geht's:

Schreibe 3 Sätze auf, die du oft über dich denkst, vor allem in schwierigen Situationen:

z. B.

- „Ich muss alles alleine schaffen."
- „Ich bin nicht kreativ."
- „Ich bin nicht wichtig."

Für jeden Satz frage dich:

- Woher kommt das? Wer hat mir das beigebracht?
- Was war damals die Situation? Was habe ich daraus über mich gezogen?

Jetzt überschreibe die Route:

- Was ist heute realistisch?
- Was würdest du deinem 8-jährigen Ich heute dazu sagen?

Schreibe den Satz in deine neue Version um. Und zwar so, dass es sich noch ungewohnt – aber mutig ehrlich anfühlt.

Gedankenmatrix Decoder & Reflexion

- Welcher Glaubenssatz hat mich heute gesteuert?
- Wem gehört er wirklich – mir oder jemand anderem?
- Wie könnte ich heute anders abbiegen?
- Neuer Satz, der sich für mein Jetzt gut anfühlt:
- Ich bin nicht mein altes Navigationssystem. Ich bin mein neues Ziel.

Abschlussgedanke:
Es gibt kein „Ich bin halt so". Es gibt nur ein „Ich habe gelernt,
so zu sein". Und Lernen heißt: Du kannst es auch ändern.

SYMBOL-MODUL: Mein Navigationssystem der Gedanken

Altes Navigationssystem
„Ich folge alten Glaubenssätzen. Sicher, aber eng."
Beispiel: „Ich darf keine Fehler machen."

Neues Navigationssystem
„Ich wähle bewusst neue Wege – mutig, wachsend."
Beispiel: „Ich lerne durch jedes Ausprobieren."

So nutzt du das Modul täglich (ab Tag 6):
Am Ende deiner Reflexion kannst du eins der beiden Symbole
ankreuzen:
Heute bin ich unterwegs mit…
🧠🔄 (altes Muster)
🧭🌱 (neuer Kurs)

Erweiterung:
Am Rand oder in deinem Tagebuchteil:
Erfinde dein eigenes Symbol für inneres Wachstum. Male es.
Benenne es. Lass es zum Erkennungszeichen deines neuen
Ichs werden.

Das Ziel:
Weg von trockenen Checkboxen – hin zu emotionalen
Markern. Diese Symbole können:
- visuelle Anker sein
- auf Klebezetteln, Spiegeln oder Notizseiten auftauchen
- ein Gefühl von: „Ich wachse wirklich" auslösen

Tag 7 – Mutprobe im Kleinen

Warum dein Gehirn neue Wege braucht – und du dafür kurz rebellieren darfst. „Wer immer dasselbe tut, bleibt im selben Ich. Wer Neues wagt, erschafft ein neues Nervensystem."

Neuro-Hack / Gedankenmatrix-Fact

Unbekannte Forschung, die's in sich hat: In einer Studie am Max-Planck-Institut (veröffentlicht 2022) testeten Forscher, wie Mikro-Regelbrüche das Gehirn beeinflussen.
Ergebnis: Schon kleine Abweichungen vom Gewohnten – z. B. mit der anderen Hand essen, rückwärts gehen, jemandem unerwartet ein Kompliment machen – führten zu stärkeren Verbindungen im präfrontalen Cortex und mehr Aktivierung im „Belohnungskern".
Fazit: Mini-Mut erzeugt echten neurologischen Wachstumsreiz.

Deine innere Mutmuskel-Zone

Wenn du „Mut" hörst, denkst du vielleicht an große Gesten: Job kündigen, Weltreise starten, alles hinschmeißen. Aber das Gehirn tickt anders. Es misst nicht die Größe der Handlung, sondern den Bruch mit dem Bekannten. Mut beginnt da, wo du etwas anders machst, obwohl dein System lieber den sicheren Weg nehmen will. Die Herausforderung ist: Dein Gehirn ist ein Gewohnheitstier. Es schlägt Alarm bei allem, was „abweicht". Doch – und das ist der Clou – es liebt auch, überrascht zu werden.

Code Breaker-Übung – Die Mikro-Mutprobe

Deine Challenge für heute:
Brich eine ganz kleine, ungefährliche Regel.
Nicht um zu provozieren – sondern um deinem Gehirn zu zeigen:
„Wir sind flexibel. Wir können anders. Wir dürfen wählen."
Hier ein paar Ideen – du entscheidest:

Sag „Nein" zu etwas, wo du sonst „Ja" sagst - fördert
Selbstabgrenzung.
Trag zwei verschiedene Socken - irritiert dein Selbstbild subtil
Stell dich an einen anderen Platz beim Bus, Zug, Aufzug -
Signalisiert: Ich bin flexibel.
Sprich jemanden an, den du sonst nie ansprechen würdest -
aktiviert soziale Offenheit.
Iss mit der anderen Hand- neurologisch effektiv – aktiviert
Gegenseite im Gehirn.
**Wichtig: Wähle aktiv. Sei wach dabei. Notiere, wie es sich
anfühlt.**

Gedankenmatrix Decoder & Reflexion

- Was habe ich heute anders gemacht – und wie war das
  Gefühl dabei?
- Was hat mein Gehirn gedacht? Was hat mein Herz
  gesagt?
- Was könnte ich morgen noch ausprobieren – 1 %
  außerhalb der Komfortzone?
- Mein Mut-Muskel hat heute gespürt: Ich kann mehr als
  gestern.

Abschlussgedanke:

Jeder Mini-Mut ist wie ein Signal an dein Gehirn: „Bitte neue
Autobahn anlegen. Die alte Spur ist langweilig geworden."

Gedankenfunker #1 – Der Benennungs-Effekt

„Was du benennst, veränderst du – allein durchs Aussprechen". Hast du schon mal gesagt: „Ich glaub, ich fühl mich gerade total blockiert..." Und plötzlich war der Knoten gelöst? Willkommen beim Benennungseffekt – auch „Affect Labeling" genannt.

Wissenschaftler haben nachgewiesen:

Wenn du einen emotionalen Zustand in Worte fasst, sinkt die Aktivität in der Amygdala (Angstzentrum) – und der präfrontale Cortex (Entscheidungszentrum) wird aktiver.

Heißt:

Wenn du dein Gefühl benennst, beginnst du, es zu steuern – statt von ihm gesteuert zu werden.

Mikro-Übung:

Nimm dir 30 Sekunden und frage dich:

„Was ist jetzt gerade wirklich los in mir – und wie heißt das Gefühl?" Nicht bewerten. Einfach benennen. Beobachte, was sich in deinem Körper verändert. Deine Sprache ist die Tastatur für dein Nervensystem.

Gedankenfunker #2 – Der Pseudoeffekt

Stell dir vor, du lernst ein neues Wort – sagen wir: Neuroplastizität. Und plötzlich hörst du es überall. Im Podcast. Im Gespräch. In der Werbung. Das ist kein Zufall. Das ist der sogenannte Pseudoeffekt – oder auch Frequency Illusion. Dein Gehirn hat das Neue einmal bewusst registriert und jetzt scannt dein Aufmerksamkeitsnetzwerk (vor allem der retikuläre Aktivierungsfilter) die Umgebung ständig auf ähnliche Reize.

Heißt:
Was du einmal bewusst wahrgenommen hast, verstärkt sich
scheinbar überall.
Das hat zwei Konsequenzen:
- Was du denkst, findest du bestätigt. Immer.
  - Denkst du: „Ich bin schlecht in XY", dann wirst du
    genau das überall wieder erkennen.
- Was du neu denkst, taucht es plötzlich auch „da draußen"
  auf.
  - Denkst du: „Ich bin mutig", wird dein Gehirn
    Mutmomente finden.

Übungsidee für dich:
Wähle heute ein neues Wort oder eine Haltung, z. B.
„Neugier", „Klarheit" oder „Weite".
Beobachte: Wo taucht es auf? Was spiegelt dir dein Umfeld
plötzlich, was vorher nicht da war?
Dein Fokus formt deine Realität – nicht andersrum.

Tag 8 – Der Was-wäre-wenn-Hack
Wie Fragen dein Denken verändern – ohne, dass du eine
Antwort brauchst. *„Manche Fragen öffnen Türen, durch die
Antworten nie allein gefunden hätten."*

Neuro-Hack / Gedankenmatrix-Fact
Forschung zeigt:
Unser Gehirn hasst offene Fragen – sie erzeugen kognitive
Spannung, auch „Zeigarnik-Effekt" genannt. Das führt dazu,
dass das Gehirn beginnt, neue Wege zu suchen, um die
Lücke zu füllen.
Heißt:
Wenn du deinem Gehirn eine gute Frage stellst –
beginnt es zu arbeiten, auch wenn du keine Antwort gibst.
Fragen sind also Türöffner für neuronale Kreativität – und
ideal, um alte Denkmuster zu lockern.

Der Zeigarnik-Effekt ist ein psychologisches Phänomen, bei dem Menschen sich besser an unerledigte oder unterbrochene Aufgaben erinnern als an erledigte oder abgeschlossene. Er wird oft mit der Erhöhung der kognitiven Anspannung erklärt, die unerledigte Aufgaben im Gehirn verursachen.

Einfach erklärt: Wenn du etwas anfängst und nicht fertig machst, ist das in deinem Gedächtnis stärker verankert als wenn du es abgeschlossen hast. Das liegt daran, dass dein Gehirn die unvollendete Aufgabe als eine Art "offene Frage" ansieht und ständig nach einer Lösung sucht, was die Erinnerung an den Inhalt verstärkt.

Stell dir vor, dein Denken ist ein Flur voller verschlossener Türen

Die meisten Menschen gehen diesen Flur immer auf der gleichen Bahn entlang. Und die Türen? Bleiben zu, weil sie nie fragen, was dahinter ist. Was, wenn ich falsch liege? Was, wenn ich nicht so denken müsste? Was, wenn ich ganz anders könnte, aber nie gefragt habe?
Fragen sind wie mentale Türöffner.
Aber nur, wenn du den Mut hast, keine sofortige Antwort zu verlangen. Denn dein Gehirn wird sie irgendwann liefern – meist nicht sofort, aber wenn du bereit bist, leise zu werden. Heute stellen wir Fragen. Und sonst – nichts.

Code Breaker-Übung – Der Was-wäre-wenn-Loop

Dein Ziel heute: Keine Aussagen. Nur Fragen.
Setz dich 5 Minuten still hin. Schreib ausschließlich Fragen auf.
Keine Bewertung, keine Antworten. Nur:
- Was wäre, wenn…?
- Wie würde es sich anfühlen, wenn…?
- Was müsste ich denken, damit…?
- Was glaube ich, das vielleicht gar nicht stimmt?

Lies deine Fragen danach laut vor.
Achte darauf, welche dein Herz kurz zucken lässt. Wähle eine einzige Frage, die du heute mit dir trägst – nicht um sie zu lösen, sondern um sie wirken zu lassen. Trage sie wie ein Schlüssel in deiner Tasche.

Gedankenmatrix Decoder & Reflexion

- Welche Frage hat heute in mir vibriert?
- Was hat sie in mir bewegt – ohne dass ich die Antwort kenne?
- Welche Tür in meinem Denken könnte sie öffnen – irgendwann?
- Heute bin ich in der Lage, nicht zu wissen – und genau das ist Stärke.

Abschlussgedanke:

Fragen sind wie Wellen. Sie gehen vielleicht leise ins Wasser –

aber irgendwann berühren sie das Ufer deines Bewusstseins.

Gedankenfunker #3 – Deine Gedanken können deine Körpertemperatur senken (oder erhöhen)

Gedanken sind keine Meinung – sie sind Biochemie.
Wusstest du, dass dein innerer Monolog deine Körpertemperatur verändern kann? Eine Studie aus Japan (Universität Kyoto, 2020) zeigte:
Wenn Menschen wütende oder beschämende Gedanken bewusst durch ruhige, akzeptierende Selbstgespräche ersetzen, sank ihre Hauttemperatur messbar – vor allem an Stirn und Händen.

Weshalb?

Weil aggressive oder stressbezogene Gedanken Mikro-Stressreaktionen auslösen, die den Körper auf „Alarm" stellen: Blutdruck steigt, Wärme verlagert sich ins Körperzentrum. Doch wenn du dein Denken beruhigst, folgt der Körper deinem Geist – und fährt wieder runter.

Mikro-Übung:

Stell dir vor: Dein Gedanke ist wie eine Wärmelampe – wohin du ihn richtest, dort verändert sich die Energie.
Frage: Was wäre ein Satz, der dich heute wärmt – statt anzuheizen?

Gedankenfunker #4 – Kognitive Nachbearbeitung: Dein Gehirn „erfindet" die Erinnerung neu

Glaubst du, du erinnerst dich an etwas – so wie es war?
Leider falsch. Und zwar auf faszinierende Weise.
Die sogenannte kognitive Nachbearbeitung (Reconsolidation) zeigt: Jedes Mal, wenn du dich an etwas erinnerst, wird diese Erinnerung neu gespeichert. Und zwar mit dem aktuellen emotionalen Zustand als Filter.

Heißt:

Wenn du z. B. heute versöhnt bist mit deiner Vergangenheit – und an einen alten Konflikt denkst – dann speichert dein Gehirn diesen nun versöhnt. Deine Erinnerung ist nicht konserviert. Sie ist editierbar. Das Gehirn rekonstruiert, was du glaubst, du würdest dich „erinnern".

Anwendungsidee:

Wähle eine Erinnerung, die dich lange belastet hat. Und jetzt schau sie mit deinem heutigen Ich an. Was würdest du dir selbst heute darin sagen? Was war vielleicht auch mutig daran? Du kannst deine Vergangenheit nicht ändern – aber du kannst ändern, wie dein Gehirn sie erzählt.

Tag 9 – Realität als Remix
Wie du ein Erlebnis in drei Versionen denken kannst – und
welche dein Leben verändert.
„Realität ist nicht das, was war. Realität ist das, was dein
Gehirn daraus gemacht hat – und immer wieder neu macht."

Neuro-Hack / Gedankenmatrix-Fact
Forschung zur Kognitiven Rekonstruktion (Harvard Medical
School, 2019): Wenn wir ein emotional aufgeladenes Ereignis
bewusst neu interpretieren, aktivieren wir andere neuronale
Netzwerke als beim bloßen Erinnern. Das Gehirn behandelt
diese neue Version wie eine alternative Realität, solange die
emotionale Konsistenz stimmt (also wenn du es wirklich
fühlst). Das nennt sich Rekontextualisierung – und sie kann
neurologisch so stark wirken wie eine reale Erfahrung.

Deine Realität ist ein Skript. Und du bist der Autor.
Wenn etwas passiert – ob heute oder vor zehn Jahren –
denkst du vielleicht: „So war es. Punkt." Aber das ist eine
Illusion. Was du erinnerst, ist eine gefühlte Version, basierend
auf deinem damaligen Blickwinkel. Aber du hast jederzeit die
Macht, dieses Skript neu zu schreiben. Nicht, um dich zu
belügen – sondern um zu wachsen. Denn der Kontext, den du
wählst, bestimmt die Richtung deines Denkens. Und das
Denken? Bestimmt, was du fühlst. Was du erwartest. Und was
du tust.

Code Breaker-Übung – Deine Realität im Remix
So funktioniert's:
1. Wähle eine Erinnerung oder aktuelle Situation, die dich
   emotional beschäftigt.
2. (z. B. ein Gespräch, ein Fehler, ein Moment der
   Unsicherheit)
3. Schreibe sie in drei Versionen auf – wie ein Remix:

Die Drama-Version - Die alte Geschichte, mit allen Ängsten, Vorwürfen, Selbstzweifeln.

Die Neutrale-Version - Was ist objektiv passiert? Wer hat was gesagt/getan? Ohne Interpretation.

Die Wachstums-Version - Was könnte diese Erfahrung dir gezeigt, geöffnet oder gelehrt haben?

Lies jede Version laut. Beobachte: Welche lässt dich enger werden? Und welche gibt dir inneren Raum?
Wähle die Version, die du deinem Zukunfts-Ich erzählen willst.

Gedankenmatrix Decoder & Reflexion
- Welche Situation hab ich heute geremixt?
- Was war mein alter Standard-Remix?
- Was ändert sich in mir, wenn ich die neue Version glaube?
- Ich schreibe meine Geschichte nicht um – ich schreibe sie bewusst weiter.

Abschlussgedanke:
Es gibt keine eine Wahrheit. Es gibt nur das Skript, das dich stärkt – und das, das dich limitiert. Heute hast du das Stärkere gewählt.

Tag 10 – Systemrückblick & Neuprogrammierung

Du warst nie kaputt. Aber du warst lange auf Stand-by.

„Du musst dich nicht neu erfinden. Du musst dich nur wieder aktivieren."

Neuro-Hack / Gedankenmatrix-Fact

Das Gehirn liebt Feedback. Wenn du bewusst auf deine Fortschritte schaust, schüttet es Dopamin aus – und Dopamin ist kein Glückshormon, sondern ein Motivationssignal. Bedeutet: Rückblick ist kein sentimentales Innehalten, sondern ein biochemischer Turbo für das Weitergehen.

Was passiert ist, ist sichtbar. Wenn du hinschaust.

Vielleicht hast du dir an Tag 1 nicht vorstellen können, dass dein Denken sich ändert. Vielleicht hast du gezweifelt, gebrummt, gelächelt oder auch mal nichts gespürt.
Aber: Du hast 10 Tage lang täglich bewusst gedacht, gespürt, geschrieben, gewählt. Und das ist großartig.
Du hast begonnen, ein System zu entwirren, das jahrelang auf Autopilot lief. Du hast erste neue Denkautobahnen gebaut. Du hast alte Stimmen leiser gedreht – und deine Eigene lauter.
Heute feiern wir das nicht mit Sekt. Sondern mit Bewusstsein.

Code Breaker-Check: Dein 10-Tage-Systemscan

Nimm dir 10–15 Minuten, gehe bewusst in diesen Rückblick – wie ein Wissenschaftler, der sein eigenes Ich erforscht. Lies deine Aufzeichnungen.

Realitäts-Update:
Was habe ich über mich gelernt, das ich vorher nicht wusste?

✍

Welcher Gedanke hat mich am meisten berührt / geärgert /
überrascht?

✍

Was habe ich konkret anders gemacht?
(z. B. ein Satz, eine Geste, eine Entscheidung, ein Gefühl)

✍

Selbstbild-Scan:
Selbstwahrnehmung:
vor 10 Tagen: ✍

____

Heute: ✍

____

Gedankenklarheit:
vor 10 Tagen: ✍

____

Heute: ✍

____

Mut zum Handeln:
vor 10 Tagen: ✍

____

Heute: ✍

____

Verbundenheit mit mir selbst:

vor 10 Tagen:

____

Heute:

____

Bewusstes Erkennen:

vor 10 Tagen:

____

Heute:

____

Neuprogrammierung:

Wähle einen Gedanken, der dich limitierte – und schreibe ihm heute sein Gegenskript.

Alt: „Ich funktioniere nur, wenn alles kontrolliert ist."

Neu: „Ich bin lebendig, wenn ich offen bleibe."

Mein eigener Umschreibsatz:

____

Schreib ihn groß auf. Sprich ihn laut. Spür ihn im Körper.

Gedankenmatrix Decoder & Reflexion

- Was ist in mir neu gewachsen – sichtbar oder nur angedeutet?
- Welche alte Stimme ist leiser geworden?
- Worauf bin ich jetzt innerlich ausgerichtet?
- Ich schreibe mein System täglich weiter – mit Klarheit, mit Herz, mit Mut.

Abschlussgedanke:
Veränderung sieht man nicht immer im Spiegel. Doch man spürt sie, wenn man wieder Lust hat, sich selbst zu begegnen.

☞ Bereit für Phase 2?
 Sie trägt den Titel:
„Schaltkreiswechsel – Dein Gehirn liebt Neues, wenn du es ihm gibst." Hier beginnt der gezielte Aufbau neuer Denkbahnen, Routinen, neuronaler Verbindungen – und du lernst die Kraft von Embodiment, Dopamin-Design und innerer Ausrichtung.
Jetzt wird gebaut: an deinem Denken, an deiner Identität, an deinem neuronalen Netzwerk.
Tag 11 markiert den Moment, an dem du nicht mehr nur loslässt, sondern neu aufbaust. Und zwar bewusst, kraftvoll, Schritt für Schritt – mit neurowissenschaftlicher Power.

Tag 11 – Die neuronale Baustelle wird eröffnet
Wie du deinem Gehirn zeigst, was du wirklich willst.
„Wenn du neue Gedanken denkst, verlegt dein Gehirn neue Straßen. Und irgendwann wird aus einer Idee ein Highway."

Neuro-Hack / Gedankenmatrix-Fact
Wusstest du…? In deinem Gehirn wachsen täglich neue Verbindungen – wenn du sie benutzt.
Der Fachbegriff dafür: experience-dependent synaptogenesis (Erfahrungsabhängige Synapsenbildung).
Heißt: Gedanken, die du bewusst, emotional und wiederholt denkst, werden mit der Zeit automatisch.
➤ Du baust neue Schaltkreise – nicht mit Druck, sondern mit Wiederholung + Emotion.

Dein Gehirn ist bereit. Es wartet nur auf den Plan.
Wenn du heute an dich denkst – wer bist du? Ein
Gewohnheitsmensch? Ein Denker? Ein Fühler? Ein
Beobachter? Egal, wie du dich bisher beschrieben hast – dein
Gehirn ist nicht statisch. Es ist eine Baustelle in Bewegung.
Und du bist der Architekt. Jeder neue Gedanke ist wie ein
Trägerbalken. Jeder neue Impuls ein Gerüst. Und jeder Tag,
an dem du dich neu entscheidest, ein Stück Fundament für
dein zukünftiges Ich.
Aber: Das Gehirn will Klarheit. Nicht „ich will irgendwie anders
sein".
Sondern: Was genau willst du denken? Fühlen? Glauben?
Handeln?
Heute beginnt die Planung.

Code Breaker-Übung – Deine mentale Bauzeichnung
Deine Aufgabe: Definiere dein mentales Bauprojekt.
- ***Stelle dir vor:***
Du bekommst ein komplett leeres neuronales Grundstück.
Du darfst dort ein neues Denken bauen – bewusst, konkret,
individuell.
- ***Beantworte diese Fragen schriftlich:***
1. Wie soll mein Denken künftig klingen? (z. B. klar, ruhig,
   neugierig, fokussiert)
2. Was möchte ich über mich glauben? (z. B. Ich bin kraftvoll.
   Ich darf Fehler machen. Ich wachse mit jedem Tag.)
3. Wie möchte ich mich in schwierigen Momenten innerlich
   fühlen?
4. Welche „Baustellen-Schilder" hängen noch da – und was
   schreibe ich stattdessen drauf? z. B. „Zweifelzone" wird zu
   „Vertrauensbrücke"

- Entwirf einen Satz, der zu deinem neuronalen Neubau
  passt. Nenne ihn: „Mein inneres Leitsignal".

Gedankenmatrix Decoder & Reflexion

- Was ist mein neues Projekt – in einem Satz?
- Wie kann ich es täglich aktivieren?
- Welche alten Gedanken stören noch die Baustelle – und wie mache ich sie leiser?
- Heute ist kein Neubeginn – heute ist der Beginn des bewussten Aufbaus.

Abschlussgedanke:

Du bist kein Abrisshaus. Du bist eine Idee in Entwicklung – mit jeder Entscheidung wächst das, was wirklich deins ist.

Tag 12 – Embodiment: Wie du durch den Körper dein Denken veränderst

Haltung ist nicht nur Körpersprache – sie ist Denkarchitektur.
„Dein Körper ist der Erste, der weiß, wie du dich fühlst – und oft der Letzte, der gefragt wird."

Neuro-Hack / Gedankenmatrix-Fact

Unterschätzter Fakt aus der Embodiment-Forschung:
Studien zeigen: Allein die Veränderung deiner Körperhaltung für 2 Minuten kann deine Stimmung, deine Gedanken UND dein Hormonprofil verändern.
Amy Cuddy (Harvard), 2012: Personen, die vor einem Bewerbungsgespräch Power-Posing einnahmen (aufrecht, offen, kraftvoll), hatten nicht nur mehr Selbstvertrauen – sondern auch messbar mehr Testosteron (Antrieb) und weniger Cortisol (Stress) im Blut.
➤ Haltung beeinflusst das Denken.

Dein Körper denkt mit. Immer.

Du kannst noch so stark im Kopf sein – wenn dein Körper in
sich zusammenfällt, glaubt dein Nervensystem: „Wir sind klein.
Wir sind in Gefahr. Wir ducken uns."

Haltung = Botschaft.

Nicht nur nach außen – sondern auch nach innen.
Wenn du dich aufrecht hinstellst, tief atmest, den Brustkorb
öffnest – dann verändert sich nicht nur deine Körpersprache.
Dein Gehirn reagiert darauf biochemisch. Du sendest ein
inneres Signal: „Ich bin bereit. Ich bin sicher. Ich darf denken,
wie ich will."
Heute trainieren wir genau das – mit Haltung, mit Gefühl, mit
Fokus.

Code Breaker-Übung – Die Embodiment-Switch-Challenge

Ziel: Spüre, wie dein Körper dein Denken lenkt – und ändere
die Richtung aktiv.

Teil 1 – Beobachte dich heute:

- Wie sitzt du beim Nachdenken?
- Wie bewegst du dich beim Zweifeln?
- Wie atmest du?
- Was macht dein Körper, wenn du dir selbst nicht
  vertraust?

✍ Notiere deine „Körper-Muster":

Gedanke/Emotion	Körperhaltung
„Ich kann das nicht"	__________
„Ich fühl mich überfordert"	__________
„Ich will das schaffen"	__________

Teil 2 – Mache den Haltungstest (2 Minuten):
1. Stelle dich schulterbreit, aufrecht, Brust leicht angehoben, Blick geradeaus auf.
2. Hebe beide Arme kraftvoll nach oben (Victory- oder Power-Pose).
3. Atme tief durch. 5x.

Frage dich danach:
Was fühlt sich jetzt anders an – im Kopf? Im Herz? In der Stimmung?

Jetzt formuliere einen Embodiment-Befehl, den du täglich als inneres „Haltungsmantra" nutzen kannst:
z. B. „Ich stehe für mich – auch wenn es wackelt." oder „Mein Rückgrat denkt mit."

Gedankenmatrix Decoder & Reflexion
- Wie hat sich mein Denken heute über den Körper verändert?
- Was passiert, wenn ich meine Haltung bewusst verändere, bevor ich handle?
- Heute habe ich gespürt: Ich kann aufrecht denken.
- Meine neue Haltung ist nicht nur physisch – sie ist eine Entscheidung für mein Inneres.

Abschlussgedanke:
Manchmal reicht es, die Schultern zu heben – damit der Kopf nicht mehr hängt.

Gedankenfunker #5 – Deine Körperhaltung verändert, wie du dich an dich erinnerst

Eine Studie der Universität Madrid (2020) zeigte: Wenn Versuchspersonen sich in eine aufrechte, offene Körperhaltung begaben, erinnerten sie sich eher an selbstbewusste, mutige Momente aus ihrer Vergangenheit.

➤ In einer zusammengesunkenen Haltung kamen hingegen mehr negative oder beschämende Erinnerungen.

Warum?

Dein Gehirn nutzt körperliche Zustände als Referenzrahmen, um emotionale Erinnerungen zu finden, die dazu „passen".

Du sitzt krumm = dein Gehirn sucht nach Momenten, wo du dich klein fühltest.

Du stehst aufrecht = dein Gehirn erinnert sich: „Ich hab das schon mal geschafft."

Du willst mehr Kraft? Dann steh wie jemand, der sie hat – und dein Gedächtnis wird sie dir zeigen.

Gedankenfunker #6 – Dein Herz beeinflusst deine Entscheidungsfähigkeit

Nein, das ist kein Esoterik-Moment.

Die Stanford University belegte 2021 in einer faszinierenden Studie: Wenn Menschen in einem ruhigen Herzschlag-Zustand Entscheidungen trafen, war die Aktivierung im präfrontalen Cortex (logisches Entscheiden) signifikant höher – als bei Teilnehmern mit erhöhter Herzrate oder innerer Unruhe.

Heißt konkret:

Wenn du dich kurz mit deinem Herz verbindest –

(= Hand aufs Herz, ruhig atmen, Fokus auf den Rhythmus) –

wirst du kognitiv klarer, mutiger, stabiler.

Mini-Übung:
Lege heute einmal bewusst die Hand aufs Herz – bevor du entscheidest.
Atme. Frage: Was würde mein Zukunfts-Ich jetzt wählen?
Herz und Gehirn sind kein Widerspruch – sie sind das älteste Team deines Lebens.

Tag 13 – Dein Zukunfts-Ich spricht mit dir
Du hast den besten Mentor deines Lebens schon in dir. Du hast nur noch nie zugehört.
Heute tritt dein Zukunfts-Ich auf die Bühne. Nicht als Visionstafel oder Traumfigur – sondern als mentale Realität, mit der du sprechen kannst. Und die dir etwas zu sagen hat.
Das ist keine Fantasie – das ist neuropsychologisch fundierte Identitätsarbeit. Und sie kann dein Leben nachhaltig umlenken.
„Dein Zukunfts-Ich weiß nicht nur, wer du bist – es weiß auch, wer du längst sein könntest.“

Neuro-Hack / Gedankenmatrix-Fact
Forscher der Columbia University (2019) haben gezeigt:
Wenn Menschen sich intensiv mit ihrem zukünftigen Selbst verbinden (z. B. durch Imagination oder Briefwechsel),
wird ihr Belohnungssystem im Gehirn stärker aktiviert, was zu mehr Durchhaltevermögen und Motivation führt.
➤ Visualisiertes Zukunfts-Ich = dopaminverstärkter Handlungsimpuls.
Und: Wer regelmäßig mit seinem Zukunfts-Ich arbeitet, trifft mutigere und langfristigere Entscheidungen.

Da draußen ist jemand, der dich kennt. Und der du bist.
Es gibt eine Version von dir, die kennt all das schon: Deine Kraft. Deine Klarheit. Deine Entschlossenheit. Sie hat die Blockaden, die du gerade erst aufdeckst, bereits hinter sich gelassen.

Sie denkt dich frei. Sie fühlt dich mutig. Sie steht aufrecht, wenn du gerade noch fällst.

Diese Version existiert nicht irgendwann später – sie existiert jetzt, in deinem neuronalen Raum.

Du kannst sie heute fragen: „Was würdest du mir raten?"

„Wie würdest du diese Situation sehen?"

„Was soll ich heute tun, um dir näher zu kommen?"

Code Breaker-Übung – Der Zukunfts-Ich-Dialog

So geht's:

Nimm dir 10 Minuten. Ruhig. Allein.

Schließe die Augen. Stell dir dein Zukunfts-Ich vor – in 90 Tagen.

(Ja, genau: das, was aus dieser Reise hervorgeht.)

➤ Wie sieht es aus?

➤ Wie bewegt es sich?

➤ Was strahlt es aus?

➤ Wo lebt es? Wie denkt, spricht, entscheidet es?

Jetzt schreibe einen Brief aus der Sicht dieses Zukunfts-Ichs an dein heutiges Ich. Es soll liebevoll, ehrlich, ermutigend – und klar sein.

Was rät es dir? Was ist unwichtig geworden? Was sollst du nicht mehr glauben? Und was bist du längst?

Lies den Brief laut. Spür die Verbindung.

Gedankenmatrix Decoder & Reflexion

- Was hat mein Zukunfts-Ich heute gesagt, das ich nie vergessen werde?
- Welche Handlung ergibt sich daraus – heute, nicht morgen?
- Ich bin keine Zukunftsidee – ich bin eine Entscheidung auf dem Weg dorthin.
- Heute habe ich gespürt, wie Zukunft klingt.

Abschlussgedanke:
Dein Zukunfts-Ich ist nicht besser als du. Es ist nur ein Du, das öfter Ja gesagt hat, wenn du gezweifelt hast.

Tag 14 – Zwischenbilanz & Beschleunigung
Manchmal ist ein Innehalten der schnellste Weg voran.
„Wer nicht innehält, kann nicht ausrichten. Und wer nicht ausrichtet, geht mit voller Kraft in die falsche Richtung."

Neuro-Hack / Gedankenmatrix-Fact
Stanford Memory Lab (2021): Wenn Menschen regelmäßig bewusst reflektieren, stärkt das nicht nur das episodische Gedächtnis – sondern auch die Verankerung neuer Denkstrukturen.
➤ Reflexion ist nicht Nachdenken. Es ist neuronales Verknüpfen. Ein echtes: „Ich sehe mich – ich begreife mich – ich forme mich."

Du bist unterwegs. Und das sieht man.
Du bist 14 Tage dabei. Vielleicht nicht perfekt. Aber präsent. Du hast gedacht, gespürt, geschrieben, gezweifelt, entschieden. Und das hat Spuren hinterlassen – in deinem Kopf. Neue Spuren. Kleine neuronale Pfade, die sich langsam vernetzen.
Dein Gehirn beginnt zu erkennen: „Da gibt's noch andere Wege als die Alten."
Heute hältst du inne. Nicht, um auszuruhen – sondern um die Richtung zu klären und den Fokus zu schärfen.

Code Breaker-Übung – Der 14-Tage-Reset
Teil 1: Altlasten loslassen
Was lasse ich ab JETZT weiter los?
✍ Drei Gedanken, Muster oder Geschichten:

-
-
-

Schreibe sie auf einen Zettel – und verbrenne oder zerreiße sie bewusst. Du darfst ein Ritual draus machen.

„Danke, dass ihr da wart. Jetzt geht ihr. Ich entscheide neu."

Teil 2: Fokus setzen

Welches Gefühl will ich häufiger fühlen? (z. B. Klarheit, Freude, Kraft, Ruhe)

Was kann ich konkret dafür tun – klein, aber konsequent?

Welcher Gedanke trägt mich weiter? z. B. „Ich darf wachsen, ohne mich zu verlieren."

Gedankenmatrix Decoder & Reflexion

- Was hab ich unterschätzt – in mir?
- Was lasse ich heute los?
- Was wächst neu – spürbar oder zart?
- Ich bin weiter als ich denke. Und bereit für mehr.

Abschlussgedanke:

Du bist nicht mehr da, wo du warst. Und das reicht, um dich neu auszurichten.

Tag 15 – Das 1 %-Prinzip
Wie winzige Schritte dein Denken dauerhaft umbauen – ohne
Überforderung, aber mit Wirkung.
*„Große Veränderungen beginnen nicht mit einem Knall. Sie
beginnen mit einer kleinen, stillen Entscheidung – und einer
Wiederholung."*

Neuro-Hack / Gedankenmatrix-Fact
Bekannt in der Forschung – selten wirklich verstanden:
Das Gehirn verändert sich nicht durch Einmal-Impulse,
sondern durch konsistente, minimale Wiederholungen mit
Bedeutung. Dieses Prinzip nennt man long-term Potentiation –
je öfter ein Neuron denselben Impuls erhält, desto stärker wird
die Verbindung – auch wenn der Impuls winzig ist.
➤ 1 % pro Tag = neue Synapse. Nicht spektakulär. Aber stabil.
Und wirksam.

Große Pläne überwältigen. Kleine Schritte verwandeln.
Kennst du das Gefühl: Du willst alles verändern – aber weißt
nicht, wo du anfangen sollst? Dein Gehirn liebt Veränderung –
aber nur, wenn sie nicht wie Gefahr aussieht. Deshalb ist das
1 %-Prinzip ein Goldschatz: Du tust nicht alles. Du tust etwas.
Jeden Tag. Bewusst. Klein. Wiederholt.
Denn 1 % Veränderung ist wie ein Grad auf einem Kompass.
Am Anfang kaum spürbar, aber in 90 Tagen führt er dich an
einen völlig anderen Ort.

Code Breaker-Übung – Deine 1 %-Routine

So funktioniert's:

- Wähle EIN Verhalten, einen Gedanken oder ein Gefühl, das du täglich ein wenig stärken willst,(z. B. „Klarer denken", „Weniger vergleichen", „Mehr Mitgefühl für mich selbst")
- Schreibe es als 1 %-Formulierung:

➤ „Ich denke heute 1 % klarer als gestern."

➤ „Ich lasse heute 1 % mehr Druck los."

Überlege dir eine Mini-Aktion, die du täglich dazu tun kannst:

➤ ein Satz, eine Geste, eine Haltung, eine bewusste Erinnerung, ein Symbol.

- Wiederhole es für 7 Tage – am besten zur gleichen Zeit oder mit gleichem Ritual.

Lege es jetzt **sofort** fest... WANN, WAS und WIE!

Gedankenmatrix Decoder & Reflexion

- Was ist mein 1 %-Ziel?
- Was kann ich heute konkret dafür tun – ohne Druck, aber bewusst?
- Wie erinnere ich mich täglich daran?
- Ich wachse nicht durch Sprung. Ich wachse durch Richtung.

Abschlussgedanke:

Es braucht kein Wunder. Es braucht Wiederholung. Und den Glauben, dass 1 % mehr genug ist, um alles zu verändern.

Gedankenfunker #7 – Emotionen & Intuition als neuronale Kurzzeit-Propheten

Dein Gefühl weiß manchmal mehr als dein Verstand – und zwar messbar.

In einer bahnbrechenden Studie (Bechara et al., University of Iowa, Iowa Gambling Task) konnten Forscher zeigen: Menschen spüren durch körperliche Reaktionen (z. B. Hautleitfähigkeit, Mikropulse) eine falsche Entscheidung – bevor sie rational begreifen, warum sie falsch ist.

➤ Dein Körper – genauer: dein autonomes Nervensystem – reagiert oft Sekunden, manchmal Minuten VOR dem Verstand. Dieses Phänomen wird heute als „somatic marker hypothesis" bezeichnet.

Es besagt: Dein Gehirn speichert emotionale Erfahrungen nicht nur kognitiv, sondern auch somatisch – im Körpergefühl. Wenn du in einer ähnlichen Situation bist, warnt dich dein Körper (z. B. durch Unruhe, Enge, Kribbeln), lange bevor dein Verstand „versteht", dass hier etwas nicht stimmt.

Und was heißt das für dein Denken?

Intuition ist nicht Magie. Es ist neuroemotionale Erfahrung, die nicht sprachlich, sondern körperlich erinnert wird. Wenn du deinem Gefühl zuhörst, hörst du deinem neuronalen Langzeitgedächtnis zu.

Mini-Übung – Körperscan für intuitive Antworten

- Stelle dir eine Entscheidung oder eine offene Frage vor. (z. B. „Will ich diesen Weg gehen?", „Ist das die richtige Richtung?")
- Schließe die Augen. Frage dich:

„Was macht diese Möglichkeit mit meinem Körper?"
Spür in: Herz, Bauch, Atem, Schultern.

Beobachte ohne zu bewerten. Kommt Weite? Druck? Wärme?
Unruhe? Der Körper urteilt nicht. Aber er antwortet.

*Deine Intuition ist ein neuronales Frühwarnsystem mit Gefühl.
Wer ihr zuhört, trifft nicht schneller – sondern oft einfach
richtiger.*

Tag 16 – Gedankenhygiene vs. Gedankenpolizei
Wie du sauber denkst, ohne dich selbst zu zensieren.
*„Du putzt deine Wohnung. Du wäschst deine Kleidung. Aber
wie oft reinigst du dein Denken?"*

Neuro-Hack / Gedankenmatrix-Fact
Das Gehirn produziert 60.000 – 80.000 Gedanken pro Tag
oder sogar noch mehr 80.000 - 100.000.
Aber es hat keinen internen Filter, der dir sagt: „Das hier ist
hilfreich." Oder: „Das hier wiederholt sich nur aus Angst."
Deshalb musst DU der Filter sein. Nicht der Zensor. Der
Pfleger. Neurowissenschaftler sprechen hier von cognitive
maintenance – also der Fähigkeit, mentale Klarheit durch
bewusstes Gedankenmanagement aufrechtzuerhalten.
➤ Das Ziel ist nicht Kontrolle – sondern Klarheit &
Bewusstheit.

Deine Gedanken sind wie Gäste auf einer Party
Manche sind willkommen. Andere nerven. Einige wiederholen
sich ständig, labern, stressen, meckern – und gehen einfach
nicht.
Das Problem: Wenn du nichts sagst, bleiben sie. Und sie
übernehmen irgendwann die Musik.
Gedankenhygiene heißt nicht: „Denk immer positiv."
Gedankenhygiene heißt:
„Ich wähle, welche Gedanken Raum bekommen – und welche
nicht mehr eingeladen sind."

Code Breaker-Übung – Der 3-Satz-Sieb
So geht's:
1. Nimm dir heute 3x kurz Zeit – morgens, mittags, abends.
2. Halte für 2 Minuten inne und beobachte: Was denke ich gerade über mich, mein Leben oder andere Menschen?
3. Für jeden Gedanken geh durch das Gedanken-Sieb:

Filterfrage
Ist das gerade wahr – oder nur eine alte Wiederholung?
Wirkung
Realität oder Loop?

Filterfrage
Ist es hilfreich – oder zieht es Energie?
Wirkung
Verstärkt oder schwächt es mich?

Filterfrage
Möchte ich diesen Gedanken behalten – oder durchlüften?
Wirkung
Halten oder loslassen?

Wenn zwei von drei Antworten negativ sind - Mentaler Putzeimer. Weg damit.

Gedankenmatrix Decoder & Reflexion
- Welche Gedanken haben heute am lautesten gesprochen?
- Welcher davon musste gehen – und wie habe ich ihn verabschiedet?
- Wie fühlt sich ein „durchgelüfteter Kopf" an? Ich bin nicht meine Gedanken – ich bin der Raum, in dem ich sie klären kann.

Abschlussgedanke:
Ein klarer Geist ist kein leerer Geist. Sondern ein Raum, in
dem du wieder hören kannst, was wirklich wichtig ist.

Tag 17 – Das Vergleichen loslassen
Warum du einzigartig bist, auch wenn dein Gehirn das ständig
vergisst.
*„Sich zu vergleichen ist, als würde ein Baum sich mit dem
Wind messen. Es hat nie gepasst – und war nie nötig."*

Neuro-Hack / Gedankenmatrix-Fact
Dein Gehirn ist ein Vergleichsorgan. Es bewertet ständig
automatisch, um sich zu orientieren:
„Bin ich besser? Schlechter? Erfolgreicher? Sicherer?"
Dieses System nennt sich social comparison circuit – und wird
durch das Belohnungszentrum verstärkt.
Heißt: Du bekommst sogar kurzfristig Dopamin, wenn du dich
im Vergleich „besser" fühlst – selbst wenn es nicht ehrlich oder
gesund ist.
💥 **Doch:**
Studien zeigen, dass häufiges Vergleichen zu mehr Selbst-
abwertung, Zweifel, Antriebslosigkeit und sogar Depression
führen kann.
Dein Wert ist kein Ranking. Dein Wert ist eine Frequenz.

Du bist kein Punkt auf einer Skala. Du bist ein eigenes Koordinatensystem.
Es wird immer jemanden geben, der schöner, erfolgreicher,
schneller, disziplinierter **wirkt** als du. Und immer jemanden,
der „weniger weit" scheint. Aber Vergleiche machen blind für
das, was du wirklich bist.

Denn während du dich mit anderen misst, verlierst du die Verbindung zu dir.

Heute entscheidest du:

Ich verlasse die Bühne, auf der ich mich ständig bewerten lasse. Ich gehe zurück in meinen Raum – da, wo ich wirken darf.

Ohne Ranking. Ohne Likes. Ohne Messlatte.

Code Breaker-Übung – Der Selbstwert-Reset

Heute machst du eine radikale Beobachtung:

1. Notiere 3 Situationen, in denen du dich kürzlich mit anderen verglichen hast: z. B. Aussehen, Leistung, Wirkung, Erfolg...

✍ Beispiele:

-
-
-

2. Für jede Situation schreibe:
- Was habe ich über mich gedacht?
- Ist das meine Wahrheit – oder die verzerrte Linse von außen?

3. Jetzt kommt der Reset:
- ✦ Für jeden dieser Momente, formuliere ein neues Mantra: z.B.
- „Ich bin nicht hier, um gleich zu sein – sondern um mich zu erleben."

Oder:
- „Ich vergleiche nicht. Ich vertraue."

Gedankenmatrix Decoder & Reflexion
- Was passiert mit mir, wenn ich mich vergleiche?
- Was passiert, wenn ich mich zurückhole in meine eigene Wahrnehmung?
- Heute habe ich verstanden: Ich bin ein Original, kein Vergleichsobjekt.
- Mein Wert ist nicht messbar – er ist spürbar.

Abschlussgedanke:
Du bist kein Spiegel. Du bist eine Sonne. Und du musst niemanden überstrahlen, um zu leuchten.

Tag 18 – Der Mut, dich nicht mehr zu erklären
Wie du aufhörst, dich zu rechtfertigen – und anfängst, dich zu zeigen.
„Ich bin nicht hier, um erklärt zu werden. Ich bin hier, um gelebt zu werden."

Neuro-Hack / Gedankenmatrix-Fact
Studien zeigen:
Menschen, die sich ständig rechtfertigen oder über-erklären, haben eine stärkere Aktivierung in der linken Gehirnhälfte
– dem Bereich für Analyse, Sprache, Ordnung, Bewertung.
➤ Das Problem: Wenn du in deinem Denken festhängst, läuft die linke Hemisphäre heiß – das Gedankenkarussell dreht sich, ohne dass du zum Gefühl kommst.

Jetzt kommt das Überraschende:
Neuro-Übung aus der Praxis: Wenn du das rechte Auge für
ca. 15 Minuten abdeckst, wird die linke Gehirnhälfte (die es
steuert) entlastet.
➤ das Denken wird ruhiger.
Umgekehrt:
Zu viele Emotionen? - linkes Auge abdecken (rechte
Gehirnhälfte = emotional-kreativ wird runtergefahren)

Wer du bist, braucht keine Verteidigung
Kennst du diese Momente, wo du dich erklären willst? Wieso
du so bist. Wieso du das gesagt hast. Wieso du nicht lachst,
obwohl andere es erwarten. Das ist nicht Klarheit. Das ist
Selbstschutz. Und oft ein Zeichen dafür, dass du dich selbst
noch nicht ganz erlaubst - Du musst dich nicht erklären. Nicht
für deine Energie. Nicht für dein Tempo. Nicht für dein
Wachstum.
Heute geht es um Mut zur Selbstzuwendung – ohne
Begründung.

**Code Breaker-Übung – Denkpause durch Auge &
Ehrlichkeit**
Teil 1 – Der Augen-Neuro-Stopp
  1. Entscheide:
     ◦ Gedankenkarussell? - rechtes Auge abdecken
     ◦ Gefühlschaos & Drama? - linkes Auge abdecken
  2. Setz dich hin.
➤ Abdecken mit einem Schal, Tuch oder Augenpad.
➤ 15 Minuten Ruhe. Kein Scrollen. Kein Reden. Kein Konsum.
  3. Atme tief. Lass den anderen Sinn übernehmen.
Du wirst merken: Dein Kopf wird stiller. Nicht leer – aber leiser.
Nicht abgeschaltet – aber sortierter.

Teil 2 – Dein innerer Freispruch
1. Notiere:
    ◦ Wofür erkläre ich mich immer wieder – und warum
      eigentlich?
2. Jetzt schreibe:
    ◦ „Ich bin nicht hier, um verstanden zu werden. Ich bin
      hier, um echt zu sein."
3. Lies es dir laut vor – wie ein Versprechen.

Gedankenmatrix Decoder & Reflexion

- Was passiert in mir, wenn ich mich einfach nicht mehr
  erkläre?
- Welche Stille entsteht, wenn das Denken aussetzt?
- Heute habe ich erlebt: Ich darf einfach sein – ohne
  Verteidigung.
- Klarheit beginnt, wenn das Erklären endet.

Abschlussgedanke:

Du bist nicht die Fußnote zu deinem Leben. Du bist der
Haupttext. Und der spricht für sich.

Tag 19 – Denkfasten durch Stille

Wenn Worte fehlen, spricht das Wesentliche.
*„Die lautesten Antworten entstehen im Raum, in dem niemand
mehr fragt."*

Neuro-Hack / Gedankenmatrix-Fact

Eine der spannendsten Erkenntnisse der letzten Jahre:
Das Gehirn arbeitet im sogenannten Default Mode Network
(DMN), wenn wir nichts aktiv tun oder denken.
Früher hielt man dieses Netzwerk für „Leerlauf".

Heute weiß man: Es ist der Raum für Selbstreflexion, Tagträume, Heilung & kreative Verknüpfungen.
Studien zeigen:
Stille – also bewusste sensorische Reduktion – erhöht die Aktivität des DMN und führt zu mehr
➤ Selbstwahrnehmung
➤ Problemlösung
➤ innerem Frieden

Wenn nichts passiert, passiert alles!
Wir denken so viel. Hören so viel. Reden. Scrollen.
Verarbeiten. Analysieren. Optimieren.
Aber Stille?
Macht den meisten Angst. Warum? **Weil Stille nichts verdeckt.**
Sie zeigt dir, was da ist – ohne Ablenkung. Und genau deshalb ist sie ein Geschenk.
Heute geht es nicht um neue Gedanken, sondern um Raum, in dem dein inneres System sich selbst ordnet.
Nicht, weil du etwas tust, sondern weil du endlich mal nichts tust.

Code Breaker-Übung – 30 Minuten Denkfasten
So geht's:
- Plane heute 30 Minuten Stille ein. Kein Handy. Keine Musik. Keine Gespräche.
- Setz dich hin. Kein Zwang zur Meditation. Einfach sitzen, liegen, schauen.
- Spür:
  - Wo kreist mein Kopf noch?
  - Was passiert, wenn ich einfach nichts verändere – außer, dass ich nichts tue?

Du wirst merken: Am Anfang rebelliert das System. Aber irgendwann… wird es weich. Und dann zeigt sich das, **was sonst nie hörbar ist.**

Gedankenmatrix Decoder & Reflexion
- Wie hat sich die Stille angefühlt – ungewohnt, schön, unheimlich?
- Welche Gedanken sind in der Stille geblieben – welche sind leise gegangen?
- Ich habe heute nicht gedacht – und trotzdem etwas verstanden.
- Meine Tiefe beginnt, wenn die Lautstärke sinkt.

Abschlussgedanke:
Manchmal brauchst du keine neue Antwort. Du brauchst einen Ort, an dem deine alten Fragen endlich gehört werden aus der Stille.

Tag 20 – Der Zukunftspuls

Wie du heute etwas tust, das dein Morgen verändert – und zwar messbar.
„Du bist nicht das Ergebnis deiner Vergangenheit.
Du bist die Entscheidung deines nächsten Moments."

Neuro-Hack / Wissenschafts-Break
Epigenetik & Entscheidungskraft
Fundamentaler, kaum bekannter Fakt: Deine Gedanken, Handlungen und Haltungen verändern die Aktivität deiner Gene. In der Epigenetik spricht man vom „experience-dependent gene expression" – also: Erfahrungen und mentale Zustände können Gene an- oder abschalten.

Beispiel aus der Forschung (Dr. Moshe Szyf, McGill University): Bei Ratten konnte nachgewiesen werden, dass Fürsorge, Stress oder Sicherheit in der frühen Entwicklung nachweislich epigenetische Spuren hinterlassen, die sogar über mehrere Generationen weitergegeben werden.

Was das für dich bedeutet?

Deine heutige Entscheidung, anders zu denken, zu fühlen, zu handeln, verändert nicht nur dein Denken – sondern kann die biologische Lesbarkeit deiner DNA beeinflussen.

Das ist keine Metapher. **Das ist Zellbiologie.**

Und du kannst dir ab heute sagen:

„Ich bin nicht nur Denker – ich bin ein genetischer Co-Autor meiner Zukunft."

Du schreibst deinen nächsten Zustand

Was du heute entscheidest, mag klein wirken. Ein Gedanke. Ein Nein. Ein neuer Fokus. Ein anderes Gefühl zu dir selbst. Aber dein Körper speichert es. Nicht als Erinnerung sondern als biologischen Takt. Jede bewusste Handlung ist wie ein Puls – den du nach vorne sendest.

Du schlägst heute in den Takt deiner nächsten Realität. Und dieser Takt – ist nicht rückwirkend. Er ist vorauswirkend.

Code Breaker-Übung – Der 24h-Zukunftspuls

So geht's:

- Schließe kurz die Augen.

Stell dir dein Zukunfts-Ich in 1 Jahr vor.

Was tut es gerade? Wie denkt es? Wie lebt es?

2. Jetzt frage dich:

➤ Welche Mikro-Entscheidung heute würde diesen Menschen möglich machen?

3. Wähle EINE Sache, die du heute tust, ganz bewusst – nicht groß. Nur echt. Nur klar.

  - ein Satz
  - ein Ja
  - ein Nein
  - eine neue Reaktion
  - ein Schritt, den du bisher gescheut hast

4. Nenne ihn: „Mein Zukunftsimpuls"

Gedankenmatrix Decoder & Reflexion

- Was habe ich heute getan, das meine Zukunft genetisch (!) verändern könnte?
- Welcher Gedanke war der erste neue Impuls nach vorne?
- Heute habe ich nicht nur gedacht. Ich habe Zukunft gebaut.
- Ich bin kein Speicher meiner Vergangenheit. Ich bin der Impuls meiner nächsten Version.

Abschlussgedanke:

Deine Gene warten nicht auf Wunder. Sie warten auf deinen Willen.

Gedankenfunker #8 – Warum dein Gehirn negative Gedanken bevorzugt

Und wieso du trotzdem der Boss bleibst.

Evolution ist kein Selfcare-Coach.

Dein Gehirn liebt keine schlechten Gedanken. Es ist nur überlebensoptimiert – nicht glücksoptimiert. Das nennt man Negativity Bias – ein evolutionäres Prinzip, das dafür sorgt, dass negative Reize intensiver wahrgenommen, schneller gespeichert und langsamer vergessen werden.

Warum?

Weil für deine Vorfahren in der Savanne galt:

- Der Tiger frisst dich nur einmal.
- Die Beere schmeckt gut, aber du kannst morgen noch eine finden.

➤ Negatives war überlebens-relevant.

➤ Positives: nett, aber nicht akut.

Das heißt heute:
- Du erinnerst dich eher an Kritik als an Komplimente.
- Du analysierst deinen Fehler stundenlang – und vergisst den Erfolg von gestern.
- Dein Gehirn scannt wie ein alter Sicherheitsdienst nach Gefahren.

Das ist nicht deine "Schuld".
Aber: Es ist dein Auftrag, dein System umzuprogrammieren.

Und jetzt der Deep Twist:
Studien zeigen: Bewusstes Umlenken von Aufmerksamkeit – z. B. durch Dankbarkeit, Humor oder Perspektivwechsel – aktiviert denselben neurobiologischen Schutzmechanismus wie Angstvermeidung.

Heißt:
Du kannst deinem Gehirn beibringen, dass Positives auch wichtig ist – wenn du es bewusst trainierst.

Mikro-Übung: Die Negativ-Brille lüften
- Denke an eine Situation, die dich genervt, verletzt oder getriggert hat.
- Schreibe drei Dinge, die du trotzdem (oder gerade deshalb) aus dieser Situation gelernt hast.
- Atme. Spür die Erleichterung.

Du hast das Programm erkannt – und dich bewusst für ein Update entschieden.

Takeaway:
Dein Gehirn ist kein Feind. Es ist ein vorsichtiger Freund mit alten Reflexen. Und du darfst ihm zeigen, dass Wachstum sicher ist.

Tag 21 – RESET: Der nächste Zyklus beginnt
Du startest nicht von vorn. Du startest von innen.
„Wer sich wandelt, beginnt nicht neu. Er beginnt bewusster."

Neuro-Hack / Gedankenmatrix-Fact
In der Gehirnforschung spricht man vom „Rekodierungs-
fenster": Wenn du über ca. 20 Tage hinweg neue Impulse
setzt, öffnet sich ein neuronaler Zustand erhöhter Formbarkeit.
Heißt:
Jetzt ist dein Gehirn besonders offen für Verstärkung,
Verstetigung und Erweiterung. Du hast Altes entkoppelt – und
beginnst jetzt, Neues zu verankern.
➤ Die nächsten 10 Tage sind wie neuronales Einziehen in ein
neues mentales Zuhause. Weniger Aufräumen. Mehr
Einrichten.

Du hast dich sortiert. Jetzt darfst du gestalten.
Die ersten 20 Tage waren dein mentaler Frühjahrsputz. Du
hast Schichten gelöst. Muster erkannt. Zweifel durchleuchtet.
Heute atmest du kurz. Und sagst: Ich fange nicht an – ich
fahre fort. **Nur klarer. Leichter. Mutiger.**
Dein Denken ist nicht mehr Schutzschild. Es wird jetzt dein
Werkzeug.

Code Breaker-Übung – Die Neuausrichtung
So machst du deinen 2. Zyklus bewusst:

- Schreibe einen Satz zu jedem der folgenden Impulse:
- Was lasse ich jetzt endgültig los?
- ✍
- Was ist mein Thema für die nächsten 10 Tage?
- ✍
- Welche Haltung will ich ab jetzt täglich stärken?
- ✍

2. Wähle ein Symbol für diesen nächsten Zyklus – etwas,
    das du visuell oder energetisch verankerst: (z. B. ein
Kreis, ein Feuer, ein Leuchtturm, ein Schlüssel, ein Same…)
Du kannst es malen. Aufschreiben. In deinem Kalender
markieren.
Wichtig ist: Es erinnert dich täglich an deine Richtung.

Gedankenmatrix Decoder & Reflexion
- Was hat mich hierher gebracht?
- Was beginnt heute in mir – subtil, aber echt?
- Ich bin kein Anfang. Ich bin eine fortlaufende
  Entscheidung.
- Reset heißt nicht zurücksetzen. Es heißt: ausrichten auf
  das, was jetzt passt.

Abschlussgedanke:
Du startest nicht bei null. Du startest auf einer neuen
Frequenz.

ZUSATZMODUL ZU Tag 21
*„RESET-MANIFEST – Deine innere Ausrichtung für den
nächsten Zyklus"… „Ich beginne nicht neu. Ich beginne
bewusster."*

Was jetzt in dir bereit ist:
- Du hast dich neu kennengelernt.
- Du hast losgelassen.
- Du hast gewählt.

Jetzt veränderst du die Frequenz deines Denkens – nicht
durch Druck, sondern durch bewusste Richtung.

DEIN RESET-MANIFEST

Was lasse ich endgültig hinter mir?

Was darf jetzt in mir wachsen?

Was ist mein Fokuswort für die nächsten 10 Tage?
 z. B. Klarheit. Vertrauen. Tiefe. Gelassenheit.

Wie fühlt sich dieses Wort in meinem Körper an?

Dein Anker-Satz:

„Ich verankere heute… [dein Wort] … in meinem Denken,
Fühlen und Handeln." Sprich ihn laut aus. Schreib ihn groß.
Lies ihn jeden Morgen. Er ist deine neuronale Orientierung,
dein Leuchtturm, bevor du den nächsten Schritt gehst.

Abschlusssatz

Ich bin nicht mehr auf der Suche. Ich bin in der bewussten
Fortsetzung meines Weges.

UNTERBEWUSSTSEIN –
DIE UNSICHTBARE MACHT

Alles, was
wir denken
und tun,
wird ohne
Filter
gespeichert

Es hat
kein
Gewissen –
und kann
nicht logisch
denken

REMINDER
• Alles wird
gespeichert
• Es schläft nie
• Es hinterfragt
nicht
• Es reagiert auf
Bilder & Gefühle
• Es kann
umprogramiert
werden

„Ich darf mein
UNTERBEWUSSTSEIN
FÜHREN, statt gefüht
zu werden."

Es überhort
nie – ist
immer aktiv

Es fragt nicht
nach, sondern
speichert einfach

Visualisierungen
und Gefühle
sind sein Steuersystem

Visualisierungen
und Gefünle
sind sein Steuersystem

Was trage ich
mit mir – das gar nicht mehr zu meir gehört?

BREAK-MODUL

UNTERBEWUSSTSEIN – DIE UNSICHTBARE MACHT

Wie dein inneres Archiv dein Leben lenkt – bis du lernst, es selbst zu steuern.

Alles, alles, alles … wird gespeichert.

Was du denkst. Was du hörst. Was du siehst. Was du fühlst. Was du tust.

Alles, was über deine Sinnesorgane in dein System gelangt, wird wie in einem Aktenordner oder einer inneren Datenbank abgelegt. Und das nicht irgendwann – sondern sofort. Automatisch. Ohne Auswahl.

Was wird gespeichert?

- ✅ *Gedanken*
- ✅ *Überzeugungen*
- ✅ *Erfahrungen*
- ✅ *Glaubenssätze*
- ✅ *Verknüpfungen aus Körper & Gefühl*
- ✅ *Erinnerungen – auch ohne Worte*

Dein Unterbewusstsein ist wie ein Super-Archiv. Nur: es sortiert nicht nach Wahr oder Falsch. Sondern nur nach Wiederholung + Emotion.

Wie Programme entstehen:

🔄 Wiederholung + 💥 starke Emotion = 🧠 neues Programm

- Wurde dir etwas oft genug gesagt - wird es geglaubt.
- Wurde etwas stark genug gefühlt - wird es sofort verankert.

Und dann? Es läuft immer wieder ab. Ohne dein bewusstes Zutun.

Was dein Unterbewusstsein NICHT kann:
- ❌ *Es hat kein Gewissen*
- ❌ *Es stellt nichts in Frage*
- ❌ *Es unterscheidet nicht zwischen Realität und Vorstellung*
- ❌ *Es filtert keine Wahrheiten*
- ❌ *Es schläft NIE*

Es ist dein dienender Mechanismus – und es führt ALLE Programme aus, die du (meist unbewusst) dort abgelegt hast.

Was bedeutet das für dich?
- Du wählst nie zufällig.
- Du reagierst oft aus dem gespeicherten System heraus.
- Sobald du aus der Gewohnheit ausbrichst, meldet sich Widerstand oder Schmerz – nicht weil du falsch bist, sondern weil das System neu lernen muss.

Gute Nachricht: **Es lässt sich umprogrammieren.**
Das Unterbewusstsein reagiert auf:
- Rituale
- Wiederholung
- starke Bilder
- emotionale Zustände
- Körpersprache
- bewusste Entscheidung + Gefühl

Du nimmst dich immer mit
Wohin du auch gehst – du nimmst dich selbst mit: Mit all deinen Werten, Wünschen, Ideen, Träumen, Überzeugungen.
Dein Gepäck besteht aus dir.
Und das Beste: Du kannst neu packen.

Zusammenfassung – Der Eisberg in Worten

- Das Unterbewusstsein ist die mächtigste Kraft
- Es schläft nie
- Es speichert ALLES
- Es hinterfragt nichts
- Es lässt sich bewusst umprogrammieren

Je tiefer du dein Unterbewusstsein verstehst, desto klarer wirst du in deinem bewussten Leben.

Tag 22 – Der Leuchtturm-Effekt

Wie du Orientierung gibst, ohne dich selbst zu verlieren.
„Ein Leuchtturm geht nicht den Schiffen nach.
Er steht. Und leuchtet."

Neuro-Hack / Gedankenmatrix-Fact

Dein Gehirn hat ein integriertes soziales Navigationssystem: die sogenannte mirror neuron activity. Wenn du andere Menschen beobachtest oder emotional miterlebst, aktivieren sich in deinem Gehirn dieselben Areale, als würdest du selbst fühlen oder handeln.
Das macht dich fühlend. Verbindend. Spiegelnd.
Aber:
Es kann dich auch leicht von deiner eigenen Spur abbringen.
Studien zeigen:
Menschen, die ihre eigene innere Ausrichtung regelmäßig reflektieren, haben ein stabileres emotionales Zentrum, auch wenn sie stark empathisch oder sensitiv sind.

Du darfst fühlen. Aber du musst dich nicht verlieren.
Du spürst oft, wie es anderen geht. Du denkst mit. Fühlst mit. Ziehst mit. Aber manchmal geht dabei etwas verloren:
Dein eigener innerer Kompass.

Und genau da kommt der Leuchtturm-Effekt ins Spiel:
Ein Leuchtturm folgt nicht. Er bleibt stehen – und strahlt
Orientierung aus. Nicht laut. Nicht fordernd.Sondern durch
Klarheit.
Heute wirst du gefragt:
*Was ist dein Licht? Wofür stehst du – auch wenn die Wellen
kommen?*

Code Breaker-Übung – Der Leuchtturm-Test
Teil 1 – Dein inneres Licht
   1. Was leuchtet in mir – auch wenn außen Chaos herrscht?

   2. Was gebe ich anderen oft – das ich mir selbst zu selten
gebe?

   3. Welche Überzeugung von mir ist so klar, dass ich sie nie
wieder kleinreden will?

Teil 2 – Deine Leuchtturm-Regeln
Schreibe dir 3 Sätze auf, die ab heute gelten. Nicht als Ziel –
sondern als Anker.
z. B.:
„Ich bin verbunden, ohne mich zu verlieren.“
„Ich helfe, ohne mich aufzugeben.“
„Ich strahle, auch wenn es niemand bemerkt.“
Hänge diese Sätze sichtbar auf. Das ist dein Leuchtfeuer – für
dich selbst.

Gedankenmatrix Decoder & Reflexion
- Wann verliere ich mich am leichtesten in den Geschichten anderer?
- Was gibt mir das Recht, trotzdem zu leuchten?
- Heute habe ich nicht gefragt, wie ich ankomme – sondern, wie ich stehen bleibe.
- Mein Leuchten braucht keinen Applaus – nur Wahrhaftigkeit.

Abschlussgedanke:
Du musst niemanden retten. Du musst nicht mitlaufen. Du darfst stehen – und durch dein Sein zeigen, wo es hell ist.

Tag 23 – Die mentale Immunabwehr
Wie du Energieverluste erkennst und stoppst – bevor sie dich steuern.
„Du musst nicht jede Tür öffnen, durch die Energie verloren geht."

Neuro-Hack / Gedankenmatrix-Fact
Unser Gehirn hat keine eingebaute Firewall – aber es hat ein sehr feines Alarmsystem für Überforderung. Die sogenannte neuroviszerale Verbindung (Verbindung zwischen Gehirn und Organen) reagiert extrem sensibel auf Reizüberflutung, emotionale Spannungen und soziale Disharmonien.
Das zeigt sich in:
- Unruhe
- Gereiztheit
- Energielosigkeit
- Entscheidungsdruck
- Erhöhte Fehleranfälligkeit

Und das Krasse: Oft erkennen wir nicht den wirklichen Energieverlust, weil wir ihn mental rechtfertigen.

Du musst nicht alles halten, was dich leer macht.

Kennst du das Gefühl, innerlich müde zu sein, obwohl du „eigentlich" gar nicht viel gemacht hast? Das liegt selten an der Aktivität – sondern an mental offenen Schleusen.
Menschen, Diskussionen, Erwartungen, Informationsfluten – all das kann Energie ziehen, ohne dass du bewusst zustimmst.
Heute lernst du: Energie schützen ist kein Egoismus.
Es ist mentale Immunpflege. Du darfst Grenzen ziehen.
Du darfst „Nein" denken – auch ohne es laut auszusprechen.
Du darfst deinen Energiehaushalt bewusst verwalten.

Code Breaker-Übung – Die Energielöcher-Ortung

Teil 1 – Was zieht an mir?

1. Notiere 5 Dinge, Menschen, Apps, Gedanken oder Situationen, die in den letzten 7 Tagen Energie gezogen haben – spürbar:

-
-
-
-
-

Teil 2 – Wie stoppe ich den Leckfluss?

Wähle 2 davon aus und beantworte ehrlich:

- *Muss ich das wirklich tun / wissen / begleiten?*
- Was kostet es mich, es zu halten – und was gewinne ich, wenn ich es loslasse?

-
-

Formuliere:
„Ich stoppe heute die Energieabgabe an… [Thema] –
und entscheide mich für Klarheit, statt für Dauerreaktion."

Teil 3 – Dein Energie-Schutz-Satz
„Ich darf spüren, was mir guttut. Und entscheiden, was bleibt."

Gedankenmatrix Decoder & Reflexion
- Wo verliere ich Energie, ohne es zu merken?
- Was darf heute auf „Pause" oder „Stopp" gestellt werden?
- Ich bin nicht für alles offen. Ich bin für mich verantwortlich.
- Heute habe ich gewählt, nicht alles zu tragen.

Abschlussgedanke:
Mental gesund zu bleiben heißt, nicht alles durchzulassen -
sondern bewusst zu entscheiden, wofür dein inneres System
offen bleibt.

Tag 24 – Der innere Beobachter
Wie du dich selbst sehen lernst – ohne dich zu verurteilen.
*„Der innere Beobachter schaut nicht, um zu bewerten. Er
schaut, um zu befreien."*

Neuro-Hack / Gedankenmatrix-Fact
In der achtsamkeitsbasierten Neurowissenschaft wurde
gezeigt: Wenn Menschen regelmäßig in die Beobachter-
perspektive gehen (also bewusst wahrnehmen, ohne zu
reagieren), wird die Aktivität in der Amygdala (Angstzentrum)
reduziert und die Verbindung zum präfrontalen Cortex
(logisch-emotionale Regulation) gestärkt.
Heißt:
Du wirst klarer, ruhiger, handlungsfähiger – nicht weil du
kämpfst, sondern weil du zuschauen lernst.

Du bist mehr als das, was du fühlst.
Gedanken kommen. Gefühle wallen auf. Reaktionen rauschen durch. Und oft glauben wir: „Ich bin das." Aber was, wenn du es nicht bist? Was, wenn du der Raum bist, in dem diese Dinge geschehen – aber nicht der Inhalt selbst?
Der innere Beobachter ist kein Coach. Kein Kritiker. Er ist die stille Instanz in dir, die einfach nur schaut. Und genau dadurch entsteht Freiheit.

Code Breaker-Übung – Das 5-Minuten-Beobachter-Training
So geht's:
- Nimm dir heute 5 Minuten (morgens oder abends, gern auch in einem Übergangsmoment)

- Schließe die Augen. Und stelle dir innerlich folgende Fragen – ohne sie zu beantworten:
- Was denke ich gerade – und was denke ich über dieses Denken?
- Was fühle ich – und wie bewerte ich es sofort?
- Was glaube ich über mich – und wer beobachtet diesen Gedanken gerade?
- Stelle dir vor, du sitzt in einem Kino. Auf der Leinwand läuft dein Tag. Deine Gedanken. Deine Emotionen. Du bist der Zuschauer – nicht der Film.
- Öffne die Augen. Spür, was sich verändert hat.

Gedankenmatrix Decoder & Reflexion

- Wann urteile ich über mich – ohne es zu merken?
- Was passiert, wenn ich einfach nur hinschaue – und nichts ändern will?
- Heute habe ich mich nicht bewertet. Ich habe mich gesehen.
- Der Beobachter in mir ist der Anfang von Klarheit.

Abschlussgedanke:

Du musst dich nicht verbessern, um dich zu befreien. Du darfst dich zuerst erkennen – ganz still. Und ganz echt.

**DEEP DIVE: Die neue Wissenschaft der Selbst-
programmierung**
Warum Wiederholung ohne Emotion nur ein leiser Gedanke
bleibt.
Warum wir oft „wollen", aber nicht „werden". Du kannst 100
Mal einen positiven Gedanken denken. Du kannst ihn
aufschreiben, laut sagen, posten. Aber wenn er nicht
emotional verknüpft ist, passiert im Gehirn: fast nichts.
Denn dein Gehirn reagiert nicht auf Worte. Es reagiert auf
Bedeutsamkeit.

**Wissenschaftliche Erkenntnis 1 – Basalganglien &
emotionale Gewohnheiten**
Eine Studie der University of California, Berkeley (2017)
zeigte: Gewohnheiten – besonders emotionale – sind im
limbischen System und den Basalganglien verankert. Diese
Gehirnareale sind nicht zugänglich durch Nachdenken oder
Verstehen, sondern nur durch Wiederholung + emotional
markierte Erfahrungen veränderbar. Erst wenn eine neue
Erfahrung als „wichtig" empfunden wird, beginnt das Gehirn,
alte Routinen aufzulösen – und neue Bahnen zu legen.

**Wissenschaftliche Erkenntnis 2 – Erinnerungen sind
„umprogrammierbar"**
Forscher vom Max-Planck-Institut (2022) belegten:
Wenn du eine Erinnerung oder ein Gedankenmuster erneut
abrufst, entsteht für etwa 6 Stunden ein „Rekonsolidierungs-
fenster". In diesem Zustand ist das neuronale Netzwerk
instabil – und somit veränderbar.
➤ Wird in dieser Phase eine neue emotionale Information
hinzugefügt, kann sich die Qualität der Erinnerung dauerhaft
verändern.
Fazit: Du musst deine Vergangenheit nicht löschen. Du kannst
sie neu einfärben.

Was das für dich bedeutet:
Du kannst deine neuronalen Spuren neu schreiben – wenn du
bereit bist, sie mit Gefühl und Bewusstheit zu überlagern.

Was du tust
Alte Erinnerung abrufen
Was im Gehirn passiert
Netzwerk wird aktiv und instabil

Was du tust
Neue Emotion hinzufügen (z. B. Dank, Verständnis, Verzeihen)
Was im Gehirn passiert
Signal trifft auf bestehende Verknüpfung

Was du tust
Wiederholung dieser „neuen Variante"
Was im Gehirn passiert
Neues Netzwerk wird stärker als das Alte

Was du tust
Handlung dazu
Was im Gehirn passiert
Motorik und Gefühl verstärken die Umprogrammierung

Quick Reminder-Box
- Gedanken + Emotion = neuronaler Abdruck
- Wiederholung + Bedeutung = neue Gewohnheit
- Rückblick + neue Deutung = neuronale Umschreibung
- Handlung + Symbolik = körperliche Integration

Abschlussimpuls:
Dein Gehirn verändert sich nicht durch Wissen, sondern durch
Erfahrung, die du als bedeutsam empfindest.

Tag 25 – Perspektivenwechsel
Wie du von oben auf dein Leben blickst und Klarheit findest.
*„Manchmal siehst du den Weg erst, wenn du fliegst – und
nicht, wenn du suchst."*

Neuro-Hack / Gedankenmatrix-Fact
Studien der University of Toronto (2020) zeigen:
Menschen, die in ihrer Vorstellung regelmäßig einen mentalen
Perspektivwechsel üben (z. B. ihr Leben wie ein Film, eine
Landkarte oder aus Sicht eines neutralen Beobachters
betrachten), erleben messbar mehr Klarheit, Stress-Resilienz
und Innovationsfähigkeit.
Grund: Das Gehirn aktiviert dabei verstärkt den parietalen
Kortex – das Areal für Übersicht, Abstraktion und kreative
Problemlösung.

Du bist nicht nur im Tunnel. Du bist auch der Pilot.
Im Alltag wirken Probleme manchmal riesig. Entscheidungen
drängen sich nach vorne. Kleine Themen wachsen zu Bergen.
Und wir? Wir schauen oft nur auf den nächsten Schritt – oder
auf das Hindernis.
Aber:
Du bist nicht nur dein Tunnelblick. Du bist auch der, der von
oben steuern kann. Die „Vogelperspektive" ist mehr als ein
Coaching-Begriff. Sie ist ein uraltes biologisches Werkzeug
deines Geistes: Dein Gehirn KANN von oben schauen – es
muss es nur trainieren.
Heute üben wir genau das.

Code Breaker-Übung – Dein mentales Luftbild
So geht's:
- Schließe die Augen.
Stelle dir vor, du sitzt in einem Heißluftballon, Hubschrauber oder auf einer Wolke.
- Sieh auf dein Leben der letzten Wochen von oben:
  - Wo liegen deine „Baustellen"?
  - Wo stehen deine Leuchttürme?
  - Welche Wege führen wohin?
  - Welche Hindernisse wirken aus der Höhe… plötzlich kleiner?
- Stell dir eine Drohnenkamera vor, die einen Kreis um deine „Lebensinsel" fliegt.
  Beobachte:
> Was hast du erreicht?
> Wo bist du weiter, als du denkst?
> Was liegt einfach „da" – aber muss gar nicht sofort verändert werden?
- Zeichne (wenn du magst) danach eine kleine Karte, Skizze oder Mindmap deines Lebens mit Inseln, Wegen, Baustellen, Leuchttürmen.

Gedankenmatrix Decoder & Reflexion
- Was habe ich heute gesehen, das ich im Alltag übersehe?
- Wie fühlt es sich an, den Überblick zu haben, statt im Tunnel zu stecken?
- Heute habe ich mich nicht verloren – sondern gefunden, von oben.
- Klarheit entsteht aus Überblick, nicht aus Druck.

Abschlussgedanke:
Wer von oben schaut, sieht nicht nur die Richtung. Er sieht auch, wie viel er schon bewegt hat.

Tag 26 – Die Kraft des bewussten Endes
Wie du loslässt, was dich aufhält – und warum dein Gehirn
dich dabei austrickst.
*„Alles, was du festhältst, hält dich zurück. Alles, was du ehrst
und entlässt, öffnet dir Raum."*

Neuro-Hack / Gedankenmatrix-Fact
Das menschliche Gehirn liebt Abschlüsse – aber hasst Enden.
Warum? Weil offene Prozesse das limbische System
aktivieren, das für Sicherheit und emotionale Ordnung
zuständig ist.
Studien zeigen:
Unausgesprochene Abschiede, nicht getroffene
Entscheidungen oder festgehaltene Situationen erzeugen im
Gehirn eine Art „kognitives Leck" – wie ein Fenster, das offen
steht und ständig Energie entzieht.
ABER:
Wenn wir ein Ende bewusst gestalten, entsteht Dopamin.
Das Gehirn erkennt: - „Abgeschlossen. Sicher. Energie
zurückgewonnen."

Du darfst gehen lassen, was dich nicht mehr weiterbringt
Manchmal halten wir Dinge fest: Menschen. Gewohnheiten.
Gedanken. Erwartungen. Nicht, weil sie gut sind – sondern
weil sie vertraut sind.
Doch Vertrautheit ist kein Kriterium für Richtigkeit.
Heute ist dein Tag für ein bewusstes Ende. Nicht mit Drama,
sondern mit Klarheit. Denn ein gut gesetztes Ende ist ein
leiser Applaus an deine innere Reife.

Code Breaker-Übung – Deine Abschluss-Zeremonie

Teil 1 – Was will (endlich) gehen?

1. Notiere 1–3 Dinge, Gedanken oder Themen, die du nicht mehr mitnehmen willst:

-

-

-

Teil 2 – Das mentale Loslassen

Wähle einen symbolischen Akt:

- Ein Brief, den du nie abschickst
- Ein Zettel, den du verbrennst
- Ein Satz, den du in den Himmel sprichst
- Ein Stein, den du draußen ablegst oder ins Wasser schmeißt

Formuliere dein „Ende":

„Ich danke dir, dass du Teil meines Weges warst. Jetzt ist es Zeit, dass du weiterziehst – ohne mich."

Teil 3 – Der freigewordene Raum

Was darf jetzt entstehen?

„In dem Raum, der jetzt frei ist, darf…"

-

-

-

Gedankenmatrix Decoder & Reflexion

- Was habe ich heute verabschiedet – ehrlich, klar, würdevoll?
- Wie fühlt es sich an, nicht zu fliehen – sondern bewusst zu beenden?
- Heute habe ich Platz gemacht – für mich. Für Neues. Für Ruhe.
- Manche Dinge werden leichter, wenn sie nicht mehr da sind.

Abschlussgedanke:

Ein Ende ist kein Versagen. Es ist die Entscheidung, dass du dich selbst nicht mehr ausbremst.

Gedankenfunker #9 – Dein Unterbewusstsein ist kein Gegner. Es ist dein Butler.

Und du gibst (leider oft unbewusst) die Befehle.

Die Wahrheit ist: Dein Unterbewusstsein ist nicht dumm. Es ist treu. Brutal treu. Und es reagiert nicht auf Absichten – sondern auf Wiederholungen + Gefühle.

Wenn du ihm oft genug sagst – laut oder nur gedacht:

„Ich krieg das nicht hin." „Ich bin halt so." „Das ist zu schwer." Oder sogar noch negativer... dann sagt es: „Wird gemacht. Programm läuft."

Wissenschaft dahinter:
Die Hirnforschung nennt das subcortical response patterns –
also Reiz-Reaktions-Schleifen, die unterhalb deiner bewussten
Steuerung laufen, aber mit jeder Wiederholung stärker werden
– wie Trampelpfade im Gehirn.
Und hier kommt der Twist:
Dein Unterbewusstsein unterscheidet nicht zwischen einer
realen Erfahrung und einer lebendig gefühlten Vorstellung.
Heißt:
Wenn du dir etwas intensiv genug vorstellst, erzeugst du reale
neuronale Aktivität – inklusive Körperreaktion. Genau deshalb
wirkt Visualisierung. Und genau deshalb wirken auch
schlechte Gedanken.
Was tun?
Trainiere deinen inneren Butler neu. Nicht mit Druck – sondern
mit klarer Sprache + Gefühl + Ritual. Sage es, fühle es,
wiederhole es – und er wird irgendwann sagen: „Aha. Neues
Programm. Wird gemacht."Reminder: Dein Unterbewusstsein
fragt nicht: „Meinst du das wirklich?"
Es fragt: „Wie oft sagst du es – und mit welchem Gefühl?"

Tag 27 – Wenn Worte zu Wahrheiten werden
Wie du durch Sprache deine innere Programmierung
veränderst.
*„Worte sind keine Worte. Sie sind Befehlsketten an dein
Unterbewusstsein."*

Neuro-Hack / Gedankenmatrix-Fact
In der kognitiven Neurolinguistik spricht man vom „verbalen
Priming": Wörter, die du regelmäßig hörst oder aussprichst,
beeinflussen nachweislich deine
➤ Wahrnehmung
➤ Stimmung
➤ Entscheidungsfindung
➤ sogar deine Körperspannung

Forscher der Universität Leipzig fanden heraus:
Wenn Menschen statt „Ich muss" sagen: „Ich darf" …„Ich
wähle", oder sogar "Ich bin…" aktivieren sie das
Belohnungszentrum im Gehirn – nicht das Stresszentrum.
Sprache verändert Chemie.

Du redest dich in Form. Oder in Fesseln.
Wir sagen so oft:
- „Ich hab keine Zeit."
- „Ich krieg das nie hin."
- „Das ist halt so."

Und jedes Mal hören unsere Zellen zu. Jedes Mal wird ein
Programm tiefer eingebrannt. Heute geht's nicht um
Schönreden. Es geht um ehrliche Macht durch bewusste
Sprache. Denn jedes „Ich muss" erzeugt Druck.
Jedes „Ich darf" öffnet Räume.
Jedes „Ich bin halt so" verschließt Entwicklung.
Jedes „Ich wähle" macht dich zum Schöpfer deiner Identität.

Code Breaker-Übung – Das Sprachlabor
Teil 1 – Deine Top-5 Sätze
1. Notiere fünf Sätze oder Formulierungen, die du oft sagst –
   über dich, dein Leben oder deine Möglichkeiten.

-
-
-
-
-

Teil 2 – Sprache umprogrammieren
Für jeden Satz:
➤ Formuliere ihn neu – kraftvoll, klar, mit Wahl statt Pflicht.
Beispiele:
- „Ich muss abnehmen" - „Ich wähle es, weil ich mich wertvoll fühle."
- „Ich bin total überfordert" - „Ich erlaube mir, Pausen zu machen."
- „Ich bin einfach zu sensibel" - „Meine Feinfühligkeit ist ein Werkzeug."

Teil 3 – Dein Satz für heute:
„Ich erlaube mir, kraftvoll zu sprechen – über mich, mein Leben und meine Zukunft."
Sag ihn 3x bewusst laut. Spür, wie du innerlich neu eingestimmt wirst.

Gedankenmatrix Decoder & Reflexion
- Welche Worte haben mich bisher gebunden?
- Welche neue Formulierung befreit mich wirklich – ganz konkret?
- Heute habe ich nicht nur geredet. Ich habe meine Realität neu geformt.
- Ich wähle Worte, die mich erinnern, wer ich wirklich bin.

Abschlussgedanke:
Sprache ist ein Schlüssel. Sprich nicht klein – wenn du groß meinst.

Tag 28 – Das Innere Kind trifft den inneren Architekten
Wie du Vergangenheit und Zukunft versöhnst – und heute neu baust.

*„Heilung beginnt, wenn das Kind in dir nicht mehr allein ist –
und der Erwachsene in dir beginnt, mit Liebe zu bauen."*

Neuro-Hack / Gedankenmatrix-Fact
Das limbische System, das emotionale Zentrum deines Gehirns, speichert prägende Erlebnisse bereits ab dem dritten Lebensjahr. Viele dieser Prägungen bleiben ohne Worte im Körper verankert – und zeigen sich später als Reaktion, nicht als Erinnerung.

Das Spannende:
Studien (u. a. G. Hüther, Bessel van der Kolk) belegen, dass der präfrontale Cortex – also dein „Architekt" die Fähigkeit hat, durch bewusste Reflexion emotionale Muster neu zu bewerten und zu überschreiben.

Kurz:
Wenn du - der Erwachsene mit dem inneren Kind in dir spricht, kann sich dein ganzes System neu ausrichten.

Zwei Anteile. Ein Raum. Ein neues Gespräch.
Vielleicht kennst du diesen inneren Dialog:

- „Warum fühle ich mich so klein?"
- „Warum reagiere ich über?"
- „Warum will ich es allen recht machen?"
- „Warum habe ich Angst vor Sichtbarkeit, Erfolg, Nähe…?"

Die Antwort liegt oft nicht in deinem heutigen Ich, sondern in einem alten Gefühl, das nie abgeholt wurde. Und deshalb bist du heute **nicht die Verletzung.** *Du bist der, der sie erkennt – und den Ort verändert.*

Heute setzt du dich an einen Tisch mit dir selbst.

Das Kind. Der Architekt. Einer fühlt. Der Andere entwirft.

Beide sind wichtig. Doch nur **gemeinsam sind sie mächtig.**

Code Breaker-Übung – Der Tisch der zwei Welten

Teil 1 – Das Kind ruft

Schließe die Augen.

Stell dir vor, du siehst dein jüngeres Ich.

Ein Bild kommt ganz von allein.

Lass es auftauchen, ohne zu erzwingen.

Frag es:

- *Was fühlst du gerade?*
- *Wovor hast du Angst?*
- *Was hättest du damals gebraucht?*

Schreib 2–3 Sätze auf, die dir kommen – aus Sicht des Kindes:

„Ich …"

Teil 2 – Der Architekt antwortet

Jetzt schreibst du deinem Inneren Kind als der Erwachsene, der du heute bist:

„Ich sehe dich. Und ich verspreche dir, …"

Teil 3 – Ein neues Fundament

Notiere:

„Was darf ich heute bauen – als Basis für ein Leben, in dem sich mein inneres Kind sicher fühlt?"

Lies dir beides laut vor. Spür, wie Vergangenheit und Zukunft sich in dir treffen – im Jetzt.

Gedankenmatrix Decoder & Reflexion

- Welche Erinnerung hat heute angeklopft – nicht um weh zu tun, sondern um gesehen zu werden?
- Was fühlt sich leichter an, seit ich mir zugehört habe?
- Heute habe ich nicht vergessen. Ich habe erinnert – und dabei begonnen zu heilen.
- Ich bin nicht nur das, was mir passiert ist. Ich bin auch der, der heute Neues baut.

Abschlussgedanke:

Du musst nicht perfekt sein, um dir selbst Vater oder Mutter zu sein. Du musst nur bereit sein, zuzuhören – und zu gestalten.

Tag 29 – Emotionen als Navigationssystem

Wie du fühlst, ohne dich zu verlieren – und lernst, richtig zu lesen, was in dir spricht.

„Gefühle wollen nicht kontrolliert werden. Sie wollen gehört, verstanden – und dann neu gewählt werden."

Neuro-Hack / Gedankenmatrix-Fact

Emotionen sind nicht irrational. Sie sind biochemische Impulse, die dein Körper aussendet, wenn dein Gehirn eine Situation bewertet – basierend auf alten Erfahrungen.

Und das Überraschende:

Die körperliche Reaktion kommt oft VOR dem bewussten Gefühl.

Studien (u. a. Antonio Damasio) zeigen:

Das Gehirn sendet über das autonome Nervensystem Mikrosignale an den Körper, bevor du überhaupt bewusst weißt, was du fühlst.

Das nennt man:

somatische Marker – dein inneres Frühwarnsystem.

Du musst deine Gefühle nicht bändigen. Du musst sie verstehen.

Wut. Trauer. Scham. Freude. Neid. Euphorie. All das sind Hinweise, **keine Urteile.**

Sie zeigen dir:
- Wo deine Grenzen sind
- Wo ein Wert verletzt wird
- Wo du lebendig bist
- Wo ein alter Schmerz anklopft
- Wo du gerade nicht du selbst bist

Gefühle sind keine Schwäche. Sie sind Wegweiser. Sensoren. Richtungsanzeiger. Und ja – sie dürfen kommen.

Aber du darfst entscheiden, was sie sagen dürfen – und was nicht mehr stimmt.

Heute wirst du zum inneren Dolmetscher.

Code Breaker-Übung – Emotionskompass

Teil 1 – Was fühle ich?

1. Halte inne. Denk an etwas, das dich gerade triggert oder bewegt.
2. Schreibe auf:
   - Was fühle ich körperlich?
   - Welche Emotion benenne ich dazu?
   - Welche Geschichte hängt daran?

Teil 2 – Was will mir das sagen?

Für deine Emotion:

- Welche Grenze, welches Bedürfnis oder welcher Wert wurde berührt?
- Ist das aktuell – oder eine alte Erinnerung?

Teil 3 – Die neue Navigation

Formuliere deinen Umgang neu:

„Ich fühle… weil mir wichtig ist, dass…
Und ich wähle ab heute, darauf so zu reagieren:"

Lies ihn dir 3x laut vor. Du wirst merken: Klarheit entsteht, wenn Gefühl + Verstehen zusammenkommen.

Gedankenmatrix Decoder & Reflexion

- Was hat mein Körper zuerst gespürt – bevor mein Verstand es benennen konnte?
- Welche Emotion habe ich heute neu gelesen – nicht als Drama, sondern als Wegweiser?
- Heute habe ich nicht nur gefühlt. Ich habe verstanden.
- Emotionen navigieren mich – aber ich halte das Steuer.

Abschlussgedanke:

Gefühle sind keine Gegner. Sie sind Botschaften in Bewegung. Und du bist der, der sie lesen lernt.

Tag 30 – Die emotionale Inventur

Was ich mitnehme. Was ich loslasse. Was ich neu formuliere.

„Du kannst nur das neu ausrichten, was du bereit bist, ehrlich zu zählen."

Neuro-Hack / Gedankenmatrix-Fact

Dein Gehirn liebt kognitive Ordnung – es strebt nach innerem „Abgleich" zwischen Gedanken, Gefühlen und Zielen.

Das nennt man in der Psychologie **Kohärenzgefühl.**

Studien zeigen:

Menschen, die regelmäßig bewusst reflektieren, haben nicht nur mehr mentale Klarheit, sondern auch bessere Emotionsregulation & höhere Lebenszufriedenheit.

Kurz:

Wer sich ehrlich sortiert, lebt leichter und fokussierter.

Deine Gefühle brauchen kein Urteil. Sie brauchen Überblick.

Du hast 30 Tage lang gedacht, gefühlt, entschieden. Jetzt ist die Zeit für eine weitere Bestandsaufnahme.

Nicht als Bewertung, sondern als Bewusstwerdung.

Was will mit dir weitergehen? Was hat sich verändert – subtil oder tiefgreifend? Welche Emotionen waren laut? Welche hast du vielleicht übersehen? Emotionale Klarheit entsteht, wenn du zuhörst, statt bewertest. Und heute darfst du sammeln, erkennen, sortieren.

Code Breaker-Übung – Die 3-Kammer-Inventur

Teil 1 – Was darf bleiben?

Notiere 3 Gefühle, Gedanken oder Überzeugungen, die sich gut, stimmig oder kraftvoll anfühlen:

-
-
-

Teil 2 – Was darf gehen?
Welche Emotionen, Muster oder inneren Sätze willst du nicht
mehr mitnehmen?
Auch wenn sie vertraut sind:

-

-

-

Teil 3 – Was formuliere ich neu?
Wähle 1–2 der oben notierten Punkte aus – und gib ihnen eine
neue Formulierung.
Nicht perfekt. Nur ehrlich. Neu. Klar.
Beispiel:
- „Ich bin nicht belastbar" - „Ich bin feinfühlig – und darf
  meine Energie schützen."

Gedankenmatrix Decoder & Reflexion
- Was habe ich in den letzten 30 Tagen über mich gelernt,
  das ich vorher nicht sehen wollte?
- Was war mein emotionaler Dauerzustand – und will ich ihn
  so behalten?
- Heute habe ich nicht gesammelt, um zu kontrollieren. Ich
  habe gesammelt, um bewusst zu entscheiden.
- Meine Klarheit beginnt mit meinem Mut, genau
  hinzusehen.

Abschlussgedanke:
Du kannst nicht verändern, was du nicht anerkennst. Und du
musst nicht behalten, was dir nicht mehr dient.

Gedankenfunker #10 – Warum dein Gehirn Glück nicht gut speichern kann

… und was du tun kannst, damit es bleibt.

Dein Gehirn ist nicht für Glück gemacht. Zumindest nicht evolutionär gesehen. Es wurde darauf trainiert, Gefahr zu erkennen, Probleme zu lösen, Risiken zu vermeiden.
Das nennt man: Negativity Bias.
Heißt:
Angst, Schmerz, Kritik = werden schneller und länger gespeichert.
Freude, Liebe, Dankbarkeit = verpuffen schneller – es sei denn, du greifst ein.

Die Wissenschaft dahinter:
Laut Dr. Rick Hanson (Neuropsychologe, Stanford University): Das Gehirn speichert negative Erfahrungen in weniger als 1 Sekunde.
Für positive Erfahrungen braucht es mindestens 10–20 Sekunden bewusste Aufmerksamkeit, damit sie vom Kurzzeit- ins Langzeitgedächtnis übergehen.
Die gute Nachricht:
Du kannst Glück trainieren wie einen Muskel – durch Verweilen. Fühlen. Verstärken.

Was tun?
1. Erlebe bewusst.
2. Wenn etwas Schönes passiert – bleib 10–20 Sekunden voll dabei. Ohne Ablenkung.
3. Verstärke innerlich.
4. Sage dir: „Das ist schön. Ich fühle das jetzt."
5. Verknüpfe es mit einem Bild oder einem Körpergefühl.
6. So entsteht eine emotionale Markierung/Verankerung.

Erinnerungssatz:

Glück kommt oft leise. Aber es bleibt, wenn du es hörst, bevor es geht.

Tag 31 – Die Kraft der kleinen Entscheidungen

Wie Mikrowahlen dein Leben neu ausrichten – und dein Gehirn sie liebt.

„Große Veränderungen beginnen mit kleinen Ja's – zu dir selbst."

Neuro-Hack / Gedankenmatrix-Fact

Das Gehirn liebt Machbarkeit.

Studien zur Neuroplastizität (z. B. Pascual-Leone) zeigen: Wiederholte, kleine Entscheidungen haben einen größeren Einfluss auf neuronale Bahnung als gelegentliche „große Einschnitte".

Warum?

Weil sich bei kleinen, konsequenten Veränderungen schneller und stabiler neue neuronale Pfade bilden – und die Stressreaktion ausbleibt, die bei großen Umbrüchen häufig einsetzt.

Fazit:

Kleine Entscheidungen sind wie tägliche Mini-Upgrades im System.

Veränderung braucht keine Revolution. Nur Wiederholung.

Du musst nicht jeden Tag dein Leben umkrempeln. Du musst nicht alles neu machen, alles verstehen, alles erreichen.

Du solltest nur immer wieder kleine Entscheidungen treffen, die deinem Neuen entsprechen.

– Die Schuhe heute stehen lassen, weil du Ruhe brauchst.

– Nicht reagieren, weil du Klarheit atmest.

– Fünf Minuten früher ins Bett.

– Ein Nein aus Liebe – nicht aus Trotz.

Diese kleinen Ja's zu dir summieren sich.

Und dein Gehirn? Es merkt:

„Oh – das scheint jetzt der neue Standard zu sein."

Code Breaker-Übung – Mikrowahl-Matrix

Teil 1 – Rückblick

Welche drei kleinen Entscheidungen hast du in den letzten Tagen getroffen, die dich näher zu dir selbst gebracht haben?

-

-

-

Teil 2 – Heute bewusst entscheiden

1. Was ist heute dein Mikro-Ja zu dir selbst? (z. B. Atmen statt Schlucken. Gehen statt Scrollen. Sagen statt Schweigen.)

2. Stell dir vor, du tust es fünf Tage hintereinander. Was verändert sich dann in dir?

Wiederhole bewusst:

„Kleine Entscheidungen schaffen große Wirklichkeit."

Gedankenmatrix Decoder & Reflexion
Was habe ich heute klein gewählt – aber groß gespürt?

Wie fühlt sich Veränderung an, wenn sie nicht drückt –
sondern fließt?

Heute habe ich mich entschieden – nicht spektakulär, aber
bewusst.

Ich bin die Summe meiner Ja's zu mir.

Abschlussgedanke:
Du brauchst keine großen Schritte. Du brauchst klare
Richtungen – wiederholt. Und plötzlich ist dein ganzes Leben
anders.

Tag 32 – Frequenzwechsel
Wie du dich energetisch neu kalibrierst, ohne dich zu verlieren.
„Du bist kein Funkloch. Du bist ein Leuchtturm."

Neuro-Hack / Gedankenmatrix-Fact
Jeder Gedanke erzeugt ein elektrochemisches Feld im Gehirn.
Jede Emotion verändert deine körperliche Frequenz messbar -
z. B. in der Herzratenvariabilität (HRV) und im elektro-
magnetischen Feld deines Herzens.
Forschung vom HeartMath Institute zeigt:
Emotionale Zustände wie Dankbarkeit, Verbundenheit,
Mitgefühl erzeugen eine kohärente Herzfrequenz,die
wiederum Gehirn und Immunsystem positiv beeinflusst.
Du bist also nicht nur Gefühl – **du bist ein energetisches
Sendesystem.**
Und: Du kannst dich aktiv neu einstimmen.

Du sendest. Ob du willst oder nicht.
Du wachst auf – und bist schon in Schwingung. Gedanken,
Körpergefühl, Restemotion von gestern, Frequenzen von
anderen. Die Frage ist nicht: „Bin ich energetisch aktiv?"
Sondern: „Bin ich auf der Frequenz, die ich will?"
Heute darfst du dein System bewusst umstimmen. Nicht mit
Druck. Nicht mit Zwang, sondern mit Bewusstheit. Atem. Wahl.
Denn du bist nicht hier, um Frequenzen anderer zu
übernehmen. Du bist hier, um deine eigene auszusenden.

Code Breaker-Übung – Deine energetische Kalibrierung
Teil 1 – Deine jetzige Frequenz
Schließe die Augen. Spür in dich. Was ist dein aktueller
innerer „Ton"?

Ein Wort: _______________________________________

Ein Bild: _______________________________________

Eine Farbe: _____________________________________

Teil 2 – Dein Wechsel
Stelle dir vor, du drehst einen inneren Frequenzregler – wie
ein altes Radio. Langsam. Sanft. Welche neue Frequenz willst
du heute einstellen?

„Ich kalibriere mich heute auf: …"

Teil 3 – Der körperliche Anker
Wähle eine Geste, ein Symbol, ein Bild oder ein kleines Ritual
(z. B. Hand aufs Herz, bewusst lächeln, Ton summen)
➤ Das ist ab jetzt dein Frequenzanker.
Mache es **JEDEN MORGEN** - 10-20 Sekunden.

Gedankenmatrix Decoder & Reflexion
- Was war meine dominante Frequenz in den letzten Tagen?
- Wie fühlt sich mein neues energetisches „Ich" an?
- Heute habe ich mich nicht neu gemacht. Ich habe mich neu eingestimmt.
- Meine Frequenz ist meine Entscheidung – keine Reaktion.

Abschlussgedanke:
Du bist ein Resonanzfeld. Stell dich ein – bevor dich jemand verstimmt.

Tag 33 – Der Zukunftsanruf
Was dein späteres Ich dir heute sagen würde – und wie du darauf antwortest.
„Handle heute so, dass dein Zukunfts-Ich lächelt und sagt: Danke, dass du durchgehalten hast."

Neuro-Hack / Gedankenmatrix-Fact
In der Zukunfts-Simulation (engl. future self simulation) zeigt die Neurowissenschaft: Wenn Menschen sich regelmäßig ihr Zukunfts-Ich lebendig vorstellen, aktivieren sie dieselben Hirnareale wie bei echter Zielerreichung und Selbstmotivation (u. a. medialer präfrontaler Kortex, dorsolateraler PFC).
Der Effekt:
➤ Mehr Disziplin, Klarheit, emotionale Stabilität
➤ und messbar größere Lebenszufriedenheit

Du trainierst also heute schon deine eigene Zukunft – nicht durch Druck, sondern durch Verbundenheit.

Du bist nicht allein im Morgen. Du bist dein eigener Vorgriff.

Vielleicht kennst du diesen Gedanken: „Wird das überhaupt was?" „Werde ich das durchhalten?" „Was, wenn ich wieder scheitere?"

Aber was, wenn die Antwort schon existiert – nicht im Außen, sondern in dir. Nur ein paar Monate, ein paar Entscheidungen weiter. Dein Zukunfts-Ich ist bereits da. Es wartet nur darauf, dass du heute die Leitung aufbaust.

Heute darfst du zuhören. Nicht, was du tun musst – sondern, wer du schon längst am Werden bist.

Code Breaker-Übung – Der Zukunftsanruf

Teil 1 – Stimme aus der Zukunft

- Schließe die Augen.

Stell dir vor, dein Zukunfts-Ich ruft dich an. Vielleicht 6 Monate älter. Vielleicht 2 Jahre. Ruhig. Stark. Klar.

- Du nimmst ab. Was sagt es?

„Ich bin du – und ich möchte dir sagen …"

Teil 2 – Der Rückruf

Jetzt antwortest du. Nicht aus Angst, sondern aus Klarheit. Was willst du deinem Zukunfts-Ich heute sagen?

„Ich höre dich – und ich verspreche dir, dass ich heute …"

Teil 3 – Der erste Schritt heute

Was kannst du ganz konkret heute tun, damit dein Zukunfts-Ich morgen stolz zurückblickt?

Mach es. Auch wenn's klein ist. Es zählt.

Gedankenmatrix Decoder & Reflexion
- Wie klang meine Zukunftsstimme? War sie freundlich, klar, weise?
- Was war die wichtigste Botschaft an mein heutiges Ich?
- Heute habe ich nicht nach vorn geschaut. Ich habe von vorn gehört.
- Mein Zukunfts-Ich hat einen Platz in meinem Heute.

Abschlussgedanke:
Dein Zukunfts-Ich braucht keine perfekte Version von dir. Es braucht deine heutige Entscheidung, weiterzugehen.

Tag 34 – Der Selbstwert-Crashkurs
Warum du wertvoll bist – auch ohne Leistung, Vergleich oder Beweis.
„Selbstwert ist kein Ergebnis. Er ist dein Ausgangspunkt."

Neuro-Hack / Gedankenmatrix-Fact
In der neuropsychologischen Forschung nennt man das Selbstwertempfinden „Selbstschema".
Dieses entsteht vor allem durch:
- frühkindliche Spiegelung („Bin ich okay?")
- emotionale Rückmeldungen
- und wiederholte Selbstzuschreibungen („Ich bin…")

Wichtig:
Studien zeigen, dass Selbstwert durch bewusstes „Gegenkonditionieren" gezielt neu geformt werden kann – durch kleine tägliche Akte der Selbstannahme + veränderte Selbstsprache.

Du bist nicht deine Erfolge. Du bist du.
Du bist aufgewachsen in einer Welt, die dich oft misst:
- nach Leistung
- nach Aussehen
- nach Verhalten
- nach Anpassung

Und irgendwann hast du begonnen, dich selbst so zu messen.
Aber heute steigen wir aus. Nicht, weil du nicht kannst,
sondern weil du mehr bist als das. Du bist nicht das, was du
leistest. Du bist das, was du spürst, wählst, glaubst – in
deinem Kern.
Heute bauen wir das neu.

Code Breaker-Übung – Der innere Wertetresor
Teil 1 – Was bleibt, wenn alles wegfällt?
- Schließe die Augen. Stell dir vor: Kein Job. Keine Rolle.
  Keine Likes. Kein Applaus. Nur du – in einem Raum.
  Nichts zu tun. Niemand zu beeindrucken.
  Was bleibt übrig?

-
-

Teil 2 – Dein neuer Leitsatz
Formuliere einen Satz, der deinen Selbstwert nicht an Leistung
bindet, sondern an dein Sein.
z. B.: „Ich bin wertvoll, weil ich da bin." oder „Mein Dasein ist
Wirkung – auch ohne Beweis."

Teil 3 – Der Spiegelmoment
Stell dich heute mindestens einmal bewusst vor einen Spiegel.
Sieh dich an. Ohne zu optimieren. Ohne Rolle. Nur sehen.
Und sage deinen Leitsatz – laut oder innerlich.
Spür die Reibung. Spür die Weite. Lass beides da sein.

Gedankenmatrix Decoder & Reflexion

- Wann habe ich meinen Wert in etwas im Außen gelegt – und wie hat sich das angefühlt?
- Was bleibt, wenn ich mich selbst nicht mehr überzeugen muss?
- Heute habe ich meinen inneren Wert nicht erhöht. Ich habe ihn zurückgeholt.
- Ich bin. Und das reicht.

Abschlussgedanke:

Selbstwert beginnt dort, wo du dich nicht mehr verkaufst, sondern einfach wieder bei dir ankommst.

Tag 35 – Spiegelneuronen & Beziehungsmagie

Warum andere auf deine innere Haltung reagieren – nicht auf deine Worte.

„Du kannst nichts verstecken. Deine Frequenz kommt immer zuerst an.“

Neuro-Hack / Gedankenmatrix-Fact

In deinem Gehirn arbeiten sogenannte Spiegelneuronen – sie aktivieren sich automatisch, wenn du das Verhalten, die Mimik oder den emotionalen Zustand eines anderen beobachtest.

Und das Faszinierende:

Du brauchst nicht mal bewusst zuzuhören – dein Gehirn spürt trotzdem, was bei jemandem „mitschwingt“.

Das bedeutet auch:

Deine innere Haltung überträgt sich – nonverbal, energetisch, unbewusst. Was du denkst und fühlst, wird zum Feld. Und dieses Feld spüren andere.

Du führst über Frequenz, nicht über Lautstärke

Du kannst sagen: „Mir geht's gut" – aber dein Körper sagt: „Ich bin angespannt." Du kannst lächeln – aber deine Energie sagt: „Ich bin müde von allem." Und andere spüren es. Immer.
Weil wir miteinander resonieren. Nicht über Inhalt, sondern über Schwingung.
Heute geht's nicht darum, perfekt zu wirken, sondern ehrlich. Klar. Echt.
Denn das ist die Magie, die Verbindung schafft statt Fassade.

Code Breaker-Übung – Dein Spiegelmoment

Teil 1 – Wie schwinge ich gerade?
  1. Setz dich ruhig hin. Frag dich – ehrlich, ohne Urteil:
  - Was sende ich gerade aus – an Energie, Präsenz, Körpersprache?
  - Wie würde ein anderer mich „lesen", ohne dass ich spreche?

Teil 2 – Was will ich wirklich senden?
  - Welche Frequenz will ich heute bewusst wählen? (z. B. Ruhe, Klarheit, Freude, Präsenz, Mut)
  - Wie kann ich sie verkörpern – ohne Worte?

Teil 3 – Praxisfeld Beziehung
  - Wähle heute eine Begegnung (live, online, zufällig):
  ➤ Und sende bewusst deine gewählte Frequenz – nicht über Worte, sondern über Energie.
Beobachte: Was verändert sich, wenn du zuerst deine Haltung veränderst?

Gedankenmatrix Decoder & Reflexion
- Was habe ich heute unbewusst gesendet – und wie kam es zurück?
- Wie fühlt es sich an, wenn ich zuerst innerlich stimme –
- und erst dann auftrete?
- Heute habe ich nicht kommuniziert – ich habe resoniert.
- Ich bin mein eigenes Signal.

Abschlussgedanke:

Menschen merken nicht, was du meinst. Sie merken, was du bist.

Gedankenfunker #11 – Zukunftsdenken ist keine Fantasie. Es ist Neurotraining.

Wie dein Gehirn sich mit deinem zukünftigen Ich vernetzt – und warum das dein Jetzt verändert.

Was passiert im Gehirn, wenn du über deine Zukunft nachdenkst?

Die kognitive Neurowissenschaft spricht vom episodischen Zukunftsdenken – das heißt: Du versetzt dich gedanklich in eine zukünftige Situation und stellst dir vor, wie du dort handelst, fühlst, wirkst.

Und das Geniale:

Dein Gehirn macht keinen großen Unterschied zwischen wirklicher Erinnerung und vorgestellter Zukunft.

Studien (u. a. Harvard & University College London) zeigen:
- Die gleichen Areale (präfrontaler Cortex, Hippocampus, limbisches System) werden aktiviert
- Neue neuronale Verbindungen entstehen – nicht rückwärts, sondern vorwärts

Was bedeutet das?
Du kannst dein Gehirn trainieren, durch tägliches
Zukunftsdenken mit Gefühl und Detail. **Nicht: „Was wäre
wenn?"**
Sondern:
„Was sehe ich, was trage ich, wie handle ich, wie denke ich,
wenn ich dort bin?"
Das nennt man: Selbstvernetzung mit der Zukunfts-
persönlichkeit. Du erzeugst heute schon die Pfade, auf denen
du morgen gehen wirst.

Anleitung:
Nutze diesen Funker als Mini-Ritual oder Reminder, z. B.:
„Ich baue heute neuronale Wege zu meinem zukünftigen Ich –
nicht durch Planung, sondern durch Vorstellungskraft in
Bewegung."
Oder als „Gedankenspur" zum Abschreiben:
„Ich stelle mir vor, wie ich aufwache in meinem erfüllten
Leben. Ich sehe, wie ich atme, wie ich stehe, wie ich antworte.
Ich spüre die Frequenz dieser Version – und mein Jetzt
beginnt, sie zu speichern."

Tag 36 – Deine innere Bühne
Wie du die Hauptrolle in deinem Leben wieder einnimmst –
ohne Applaus, aber mit Kraft.
*„Du bist nicht Nebenrolle in deinem Leben. Du bist das
Drehbuch, die Hauptfigur – und Regie zugleich."*

Neuro-Hack / Gedankenmatrix-Fact

Studien aus der Motivationsforschung zeigen: Menschen, die sich als aktiv Handelnde in ihrer Geschichte erleben (statt als „passiv Getriebene"), zeigen signifikant mehr mentale Resilienz, Zielklarheit und Zufriedenheit.

Der Effekt verstärkt sich, wenn mann die „Lebensrolle" neu schreibt und bewusst verkörpert – also nicht nur denken, sondern handeln, sprechen, entscheiden und vor allem fühlen.

Dein Leben wartet auf dich. Nicht auf Applaus. Auf Präsenz.

Du kennst das: Du reagierst. Du wartest. Du denkst: „Wenn erst dies, dann kann ich..."

Aber was, wenn das Leben nicht auf bessere Umstände wartet, sondern auf deine Präsenz?

Heute geht es nicht darum, jemand zu werden, sondern aufzutreten. Die Bühne zu betreten, die du schon lange vorbereitet hast – innerlich. Denn niemand kann dir deine Rolle schreiben. Doch du kannst sie zurücknehmen. oder endlich annehmen.

Code Breaker-Übung – Dein Bühnenmoment

Teil 1 – Wo du auf Stand-by bist

- In welchem Lebensbereich bist du gerade Zuschauer - statt Hauptfigur? (z. B. Partnerschaft, Beruf, Körper, Projekte, innere Stimme)

- Was hält dich im Schatten? Ein Gedanke, eine Angst, eine alte Dynamik?

Teil 2 – Auftritt wählen
- Was wäre heute ein kleiner erster Schritt, um auf deine innere Bühne zu treten? z. B. ein Nein, ein Post, ein Gespräch, ein Kleid, ein Moment mit dir)

Teil 3 – Dein Auftritts-Satz
Formuliere deinen heutigen Leitsatz: „Ich darf heute sichtbar sein in…" „Ich bin bereit, in meinem Leben wieder die Hauptrolle zu spielen, indem ich…"

Tue es. Keiner muss klatschen. Du wirst dich erinnern.

Gedankenmatrix Decoder & Reflexion
- Wo habe ich mich zurückgezogen – obwohl die Bühne längst frei war?
- Wie fühlt es sich an, wenn ich nicht mehr auf Erlaubnis warte – sondern auftrete?
- Heute habe ich mir erlaubt, Raum zu nehmen – nicht für andere, sondern für mich.
- Ich bin nicht die Kulisse. Ich bin das Zentrum.

Abschlussgedanke:
Du brauchst keine Bühne da draußen, wenn du bereit bist, von innen zu leuchten.

Tag 37 – Der Identitätscode

Wie du erkennst, wer du wirklich bist – jenseits deiner alten Geschichten.

„Du bist nicht, was dir passiert ist. Du bist, was du daraus gemacht hast – und noch machen wirst."

Neuro-Hack / Gedankenmatrix-Fact

Deine Identität entsteht durch wiederholte Selbstdefinitionen. Das Gehirn legt für jede dieser Wiederholungen neuronale Muster an – die sogenannten Identity Loops (Identitätsschleifen).

Und:

Diese Muster werden nicht durch Reflexion verändert, sondern durch neue Erfahrung + neue Selbstzuschreibung.

➤ Du kannst dich also bewusst neu definieren – und dein Gehirn zieht mit, sobald du es mehrfach verkörperst.

Wer du glaubst zu sein, ist formbar. Wer du bist, ist kraftvoll.

Vielleicht trägst du alte Codes in dir:
- „Ich bin halt nicht kreativ."
- „Ich bin die, die nie…"
- „Ich bin der, der immer…"

Doch das sind keine Wahrheiten. Das sind gespeicherte Wiederholungen.

Heute setzen wir ein neues Passwort für dein System. Nicht erfunden – sondern freigelegt, denn Identität ist nicht fest. Sie ist beweglich, formbar, energetisch. Und du darfst heute wählen, was, wen und wer du ab jetzt verkörpern willst.

Code Breaker-Übung – Dein Identitäts-Reset

Teil 1 – Was sagt die alte Geschichte?
Notiere 3 Sätze, die du oft über dich selbst denkst oder sagst
und die dich klein halten.

-
-
-

Teil 2 – Was ist dein neuer Code?
Für jeden Satz formulierst du jetzt deine neue Identität: in
Sprache, die fühlbar kraftvoll, nicht nur „positiv" ist.
Beispiele:
- „Ich bin nicht gut im Reden." - „Ich bin ab heute in meiner
  Kommunikation stärker und klarer."
- „Ich war schon immer unstrukturiert." - „Ich erschaffe eine
  neue Struktur, die zu mir passt."

Teil 3 – Dein Identitäts-Statement
Wähle einen neuen Satz aus, den du heute laut vor dem
Spiegel sagst und auf dein Handy, den Kühlschrank oder
Notizblock schreibst.
„Ich bin… [*neue Identität*] – und ich wachse in sie hinein."

Gedankenmatrix Decoder & Reflexion
- Welcher alte Satz hat mich lange gesteuert – ohne dass
  ich es bemerkt habe?
- Wie fühlt sich mein neuer Code an – wenn ich ihn
  ausspreche?
- Heute habe ich mich nicht verändert. Ich habe mich
  erkannt – hinter dem, was mir erzählt wurde.
- Ich schreibe den Code meines Ichs. Und ich tippe ihn neu
  – bewusst.

Abschlussgedanke:
Dein Ich ist kein Urteil. Es ist ein Raum. Und du bestimmst,
was darin wohnen darf.

Tag 38 – Wenn dein Körper spricht
Wie du lernst, seine Sprache zu verstehen – und ihm wieder
zu vertrauen.
*„Dein Körper hat kein Interesse daran, dich zu sabotieren. Er
will dir nur zeigen, was du vergessen hast zu fühlen.“*

Neuro-Hack / Gedankenmatrix-Fact
Der Körper speichert Emotionen nicht „irgendwie“ – sondern
über das viszerale Nervensystem und das sogenannte
Körpergedächtnis.
Das bedeutet:
Situationen, in denen du emotional überfordert warst, werden
oft nicht sprachlich, sondern körperlich gespeichert – z. B. als
Verspannung, Darmreaktion, Atemmuster, Müdigkeit.
Der Körper spricht also – in Symptomen. Und du kannst
lernen, wieder zuzuhören.

Du bist nicht gegen deinen Körper. Ihr seid ein Team.
Vielleicht kennst du das:
- Dein Nacken wird steif, wenn du dich zurückhältst.
- Dein Bauch zieht sich zusammen, wenn du dich
  übergehst.
- Deine Stimme wird leiser, wenn du dich klein machst.

Das ist keine Schwäche. Das ist intelligente Körpersprache.
Dein Körper ruft nicht, um dich zu ärgern – sondern um dich
zurückzuholen in die Verbindung.
Heute lernst du: Nicht „wegdrücken“ - Sondern wahrnehmen –
und antworten.

Code Breaker-Übung – Körpersprache neu verstehen

Teil 1 – Der Check-In

Was spürst du heute körperlich? (nicht nachdenken – spüren!)

- Mein Atem ist …
- Mein Nacken fühlt sich …
- Mein Bauchraum wirkt …

Teil 2 – Die emotionale Übersetzung

Jetzt verbindest du: Was könnte dein Körper dir sagen wollen?
(z. B. Spannung = „Ich halte zu viel." / Müdigkeit = „Ich fliehe." /
Kälte = „Ich ziehe mich zurück.")

Teil 3 – Die Antwort

Was wäre eine kleine, konkrete Geste der Zuwendung an
deinen Körper?(z. B. Wärme, Bewegung, Klang, Dehnung,
liebevolle Berührung).
Und was sagst du dabei innerlich?

„Ich höre dich. Und ich gebe dir jetzt…"

Gedankenmatrix Decoder & Reflexion

- Was habe ich heute nicht gedacht, sondern gefühlt – ganz
  klar im Körper?
- Wie hat sich meine Verbindung verändert, als ich reagiert
  habe – statt ignoriert?
- Heute habe ich meinem Körper nicht widersprochen. Ich
  habe ihn verstanden.
- Mein Körper ist kein Gegner. Er ist mein Echo. Und mein
  Kompass.

Abschlussgedanke:

Dein Körper redet leise. Aber er lügt nie.

Tag 39 – Das Nervensystem entschlüsseln

Wie du innere Ruhe trainierst – statt nur darauf zu hoffen.

„Du musst nicht ruhiger werden. Du darfst deinem Nervensystem beibringen, dass du sicher bist."

Neuro-Hack / Gedankenmatrix-Fact

Dein Nervensystem besteht aus zwei Hauptschaltkreisen:

1. Sympathikus – aktiviert Stress, Flucht, Kampf
2. Parasympathikus – beruhigt, regeneriert, heilt

Neueste Studien zur Polyvagal-Theorie (Stephen Porges) zeigen: Der Zustand deines Vagusnervs beeinflusst Emotion, Kommunikation und sogar das Immunsystem.

➤ Je „trainierter" dein Vagusnerv, desto schneller findest du in innere Stabilität zurück. Innere Ruhe ist also kein Zustand – sondern ein gelerntes biologisches Umschalten.

Sicherheit ist ein Gefühl. Und es ist trainierbar.

Viele Menschen glauben, innere Ruhe sei Glück. Oder das Ergebnis von Urlaub, Meditation oder „keine Probleme haben". Aber in Wahrheit ist innere Ruhe eine Fähigkeit deines Körpers. Dein Nervensystem merkt: „Ich bin sicher." Und DANN entsteht Ruhe. Nicht davor.

Heute beginnst du, diese Fähigkeit zu aktivieren – nicht zu erzwingen. Nicht durch Abschalten, sondern durch:

- Atmung
- Körperbewusstsein
- innere Erlaubnis, nicht kämpfen zu müssen

Code Breaker-Übung – Das Reset-Ritual für dein System

Teil 1 – Der Selbst-Scan

Schließe die Augen. Frage dich:

- Bin ich gerade angespannt – oder präsent?
- Halte ich den Atem? Oder fließt er?

Spür deinen Kiefer. Deine Hände. Deinen Bauch. Was sagt
mein Körper gerade über meinen inneren Zustand?

Teil 2 – Der Vagus-Nerv-Reset (3 Minuten)
1. Setze dich aufrecht hin, Schultern entspannt
2. Atme:
   ◦ 4 Sekunden ein
   ◦ 6 Sekunden aus
   ◦ Wiederhole 10x
3. Danach: summ leise. Oder summe ein „Mmmmm" mit
   geschlossenen Lippen – 1 Minute. Das stimuliert den
   Vagusnerv direkt (Wissenschaft. Kein Esoterik.)

Teil 3 – Dein Sicherheitssatz
Formuliere heute einen Satz, den dein System hören darf:
„Ich bin sicher in mir – auch wenn es außen bewegt ist."
 oder
„Ich darf ruhen, auch wenn nicht alles gelöst ist."

Gedankenmatrix Decoder & Reflexion
- Wie fühlt sich mein Körper an, wenn er sich sicher fühlt?
- Was hilft mir wirklich beim Umschalten – nicht theoretisch,
  sondern körperlich?
- Heute habe ich nicht Ruhe gesucht. Ich habe sie in mir
  erzeugt.
- Mein Nervensystem ist nicht mein Gegner. Es ist mein
  innerer Wächter – und mein Weg zur Heilung.

Abschlussgedanke:
Wenn du lernst, deinem System Sicherheit zu geben, beginnt
dein ganzes Leben leiser zu atmen.

Tag 40 – Mentales Fasten
24 Stunden ohne Selbstsabotage, Vergleiche oder innere Hetze.
„Nicht alles, was du denkst, gehört dir. Und nicht alles, was du loslässt, lässt dich leer zurück."

Neuro-Hack / Gedankenmatrix-Fact
Wie du nun schon weißt - Dein Gehirn produziert zwischen 60.000 und 80.000 Gedanken pro Tag. Davon sind ca. 80 % wiederholend und über 60 % negativ geprägt – oft automatisiert durch limbische Speicherungen.
Mentales Fasten unterbricht diese Schleifen bewusst.
Studien (z. B. UCLA, Mindfulness Lab) zeigen: Bereits 24 Stunden gezielte Gedankenhygiene senken Stresslevel, verbessern Konzentration und steigern emotionale Resilienz.

Fasten ist nicht nur für den Körper.
Es ist eine Einladung an deinen Geist, still zu werden. Du fastest nicht, um zu verzichten, sondern, um Platz zu schaffen.
Denn dein Geist ist nicht leer. Er ist oft überfüllt – mit Meinungen, Vergleichen, Bewertungen, alten Sätzen.
Heute gibst du dir Raum.
Nicht durch Kontrolle, sondern durch bewusste Auszeit:
- kein Vergleichen
- kein Urteilen über dich
- keine inneren Angriffe
- keine „Was wäre, wenn"-Schleifen

Du fastest nicht von Nahrung – sondern von mentaler Verschmutzung.

Code Breaker-Übung – Das 24h-Denkfasten

Teil 1 – Was willst du heute fasten?

Wähle max. 3 Denkmuster, von denen du heute bewusst
pausierst.

(z. B.: Selbstkritik, Vergleiche, Grübeleien, „Ich muss"-Sätze)

-
-
-

Teil 2 – Der Interventionssatz

Für jeden dieser Gedanken notierst du einen Stoppsatz – ein
Mantra oder Reminder, wenn der Gedanke kommt.

z. B.: „Stopp jetzt." - „Ich bin in Pause." „Ich höre zu – aber ich
wähle nicht mehr alles aus."

Teil 3 – Beobachten statt bewerten

Heute gilt: Wenn der Gedanke kommt – keine Selbstanklage.
Nur: bemerken. stoppen. umleiten. atmen. Trage heute ein
kleines Symbol bei dir: Ein Armband. Ein Stein. Ein Zettel.
Erinnere dich: „Heute denke ich nicht alles zu Ende."

Gedankenmatrix Decoder & Reflexion

Welche Gedankenmuster wollte ich fasten – und wie oft haben
sie trotzdem angeklopft?

Wie fühlt sich mein innerer Raum an, wenn ich nicht alles
durchlasse?

Heute habe ich nicht gedacht, um zu kontrollieren. Ich habe
gedacht, um frei zu sein.

Gedanken sind wie Gäste. Ich bestimme, wer bleibt.

Abschlussgedanke:

Mentales Fasten ist kein Schweigen. Es ist ein Reinigen –
damit du wieder deine eigene Stimme hörst.

Tag 41 – Das innere Zuhause
Wie du dich sicher in dir selbst fühlst – ganz gleich, was außen passiert.
„Es gibt einen Ort, an dem du dich nicht beweisen musst. Und dieser Ort bist du selbst."

Neuro-Hack / Gedankenmatrix-Fact
Emotionale Sicherheit entsteht nicht durch äußere Kontrolle, sondern durch innere Verankerung im Nervensystem – vor allem über die Verbindung zwischen Herz, Vagusnerv und Selbstbild.
Studien zeigen:
Menschen mit einem stabilen inneren Anker erleben weniger Reaktivität, weniger Angst, weniger Orientierungslosigkeit – auch wenn im Außen Chaos herrscht.
Das nennt man: Selbst-Sicherheit durch Selbstbindung.

Du bist nicht der Ort, an den du fliehst.
Du bist der Ort, an dem du ankommst.
Viele Menschen suchen Sicherheit:

- in Beziehungen
- in Routinen
- in Ergebnissen
- in Kontrolle

Aber wahre Sicherheit entsteht nicht durch Festhalten, sondern durch Verwurzelung in dir. In deinem inneren Zuhause darfst du sein – ohne Rolle. Ohne Optimierung. Ohne Erklärung.
Heute geht es nicht darum, weiter zu machen. Es geht heute nur um das Ankommen.

Code Breaker-Übung – Dein inneres Zuhause einrichten

Teil 1 – Die Räume

Schließe die Augen. Stell dir vor: In dir gibt es einen Raum, der nur für dich da ist.

- Wie sieht er aus?
- Was ist dort?
- Welche Farben, Gerüche, Klänge?

„Mein innerer Raum fühlt sich an wie…"

Teil 2 – Die Sicherheit

Was brauchst du in dir, um dich sicher und geborgen zu fühlen? (z. B. Vertrauen, Präsenz, Stille, Grenzen, Weichheit)

Teil 3 – Der Rückzugs-Anker

Was ist dein Symbol oder Ritual, um diesen Raum im Alltag zu betreten? (z. B. Hand aufs Herz, ein bestimmter Satz, ein Blick in den Himmel, Musik)

Formuliere:

„Ich kehre in mich zurück, wenn…"

Gedankenmatrix Decoder & Reflexion

- Wann habe ich mich das letzte Mal bei mir sicher gefühlt – ohne dass jemand anderes das möglich gemacht hat?
- Wie fühlt es sich an, zu wissen: Ich bin mein Ort.
- Heute habe ich mich nicht versteckt. Ich bin angekommen.
- Mein Zuhause ist kein Ort. Es ist eine Haltung in mir.

Abschlussgedanke:

Du musst nicht wissen, wo es hingeht – solange du weißt, wo du bei dir bleibst.

Tag 42 – Die Nullpunkt-Entscheidung
Warum jeder Moment der neue Anfang sein kann – wenn du bereit bist, loszulassen.
„Du brauchst kein neues Leben. Du brauchst einen Punkt, an dem du aufhörst, dein Altes weiterzuleben.“

Neuro-Hack / Gedankenmatrix-Fact
Neurologisch betrachtet ist Entscheidung ein Reset-Signal: Bei einer bewussten Entscheidung hemmt das Gehirn alte Routinen (über das dorsolaterale Striatum) und aktiviert Areale für Zukunftsplanung und Impulskontrolle.
Und das Faszinierende:
Das Gehirn braucht kein Außenereignis, um diesen Impuls zu starten – es reicht eine bewusste Zäsur im Denken:
„Stopp. Jetzt wähle ich neu.“ Das ist der Nullpunkt.

Du darfst jederzeit neu schreiben.
Vielleicht denkst du, du brauchst noch:
- ein Zeichen
- ein bisschen mehr Mut
- einen besseren Moment
- mehr Zeit

Aber heute erkennst du: Du brauchst nur einen inneren Punkt. Einen Punkt, an dem du sagst: „Bis hier. Und jetzt neu.“ Das ist kein Drama. Keine große Entscheidung. Einfach ein Reset der Haltung. Ein Nullpunkt ist keine Flucht. Es ist eine bewusste Unterbrechung der alten Schleife.
Und dein Gehirn?
Es liebt diesen Moment – weil endlich etwas wirklich neu werden darf. Etwas neues entstehen kann.

Code Breaker-Übung – Dein persönlicher Nullpunkt

Teil 1 – Wo drehe ich mich im Kreis?
Erkenne ehrlich: In welchem Gedanken, Thema oder Gefühl
bist du seit Tagen oder Jahren gefangen?

Teil 2 – Deine Stop-Botschaft
Formuliere einen Satz, der den alten Kreislauf unterbricht.
Kurz. Klar. Kraftvoll. z. B.: „Ich steige hier aus."
„Ab jetzt wähle ich neu."
„Das Alte hat hier keine Stimme mehr."

Teil 3 – Der neue Impuls
Was wählst du ab jetzt – bewusst und klein? Nicht als Endziel,
sondern als neue Haltung?

Wiederhole deinen Nullpunkt-Satz heute 3x bewusst bei jedem
Impuls, wenn du zurückfällst.
Du bist jetzt nicht mehr deine alte Wiederholung. Du bist dein
Neuanfang.

Gedankenmatrix Decoder & Reflexion
- Was war heute mein Nullpunkt – mein echtes „Stopp" im
  System?
- Wie fühlt es sich an, aus dem Automatismus auszusteigen
  – selbst mitten im Tag?
- Heute habe ich keinen Plan gemacht. Ich habe ein neues
  Signal gesetzt.
- Neuanfang ist kein Datum. Es ist ein Moment in mir.

Abschlussgedanke:
Du brauchst keine Vergangenheit, um deine Zukunft zu
rechtfertigen. Du brauchst nur einen Punkt. Und eine Wahl.

GedankenFokus – Wiederholung formt Realität
Warum dein Gehirn nicht auf Einsicht reagiert – sondern auf
Wiederholung mit Gefühl.
Wissenschaftlich belegt:
Das menschliche Gehirn verändert sich nicht durch
Erkenntnis.
Es verändert sich durch Erfahrung + Wiederholung.
Neurowissenschaftler wie z.B. Norman Doidge, Eric Kandel
und viele mehr zeigen:
- Jede wiederholte Handlung, jeder Gedanke + jedes Gefühl
  ➤ stärkt neuronale Verbindungen
- Diese Verbindungen formen sich wie Autobahnen im
  Gehirn
- Je häufiger du sie nutzt, desto automatisierter wird deine
  Realität

Fazit:
Wiederholung = Verstärkung
Emotion + Wiederholung = Verankerung
Neue Wahl + Wiederholung = Transformation

Der "Fehler" der meisten Menschen?
Sie warten.
- Warten auf Mut
- Warten auf Sicherheit
- Warten auf das perfekte Gefühl
- Warten, dass die Angst vergeht

Aber Angst ist kein Feind. Angst ist das Echo eines alten
Selbst, das vergessen hat, dass Wachstum immer furcht-
einflößend beginnt.

Wahrheit:
Die Angst kommt nicht aus deiner Zukunft. Sie kommt aus
deiner Vergangenheit. Sie ist die Stimme deiner gespeicherten
Schleifen – nicht deiner Möglichkeiten.
Und du kannst sie umtrainieren. Nicht durch Logik.
Sondern durch Wiederholung, Präsenz – und Wahl.
Satz zum Mitschreiben:
Der richtige Moment ist nicht der ohne Angst. Der richtige
Moment ist der, an dem ich erkenne: Ich bin bereit – auch MIT
Angst zu gehen.

Tag 43 – Der innere Tempowechsel
Wie du lernst, dich nicht mehr zu überholen – sondern in
deinem natürlichen Rhythmus zu leben.
*„Es bringt nichts, schneller zu laufen, wenn du dich in die
falsche Richtung bewegst."*

Neuro-Hack / Gedankenmatrix-Fact
Dein Nervensystem ist rhythmisch gebaut – es funktioniert in
Zyklen, Wellen und Phasen, nicht in Dauerleistung.
Studien zur Chronobiologie und neuronalen Leistungsfähigkeit
(z. B. Prof. Till Roenneberg) zeigen: Wer gegen den eigenen
inneren Rhythmus arbeitet, erzeugt Stress,
Konzentrationsprobleme und emotionale Dysregulation.
➤ Das Gehirn braucht:
- Phasen der Fokussierung
- Phasen der Integration
- und vor allem: Pausen für neurochemische Balance

Schnelligkeit ist kein Zeichen von Stärke.
Sie ist oft ein Symptom innerer Flucht. Wie oft sagst du:
- „Ich hab keine Zeit."
- „Ich muss noch schnell…"
- „Wenn ich das noch fertig kriege…"

Schnelligkeit ist nicht immer Produktivität.

Manchmal ist sie Selbstvermeidung im Schnellvorlauf. Heute geht es um deinen natürlichen Rhythmus. Nicht den der Welt. Sondern deines Körpers, deines Systems, deiner Wahrheit. Und wenn du in deinem Tempo gehst – erreichst du nicht weniger. Du erreichst echter, wahrhaftiger.

Code Breaker-Übung – Dein Tempowechsel-Radar

Teil 1 – Wo hetze ich?

- Wo im Alltag fühlst du dich permanent gehetzt, getrieben, überrollt? (z. B. morgens, in Gesprächen, im eigenen Anspruch?)

Teil 2 – Der echte Rhythmus

Was wäre dein natürliches Tempo, wenn du heute nach deinem Inneren gehen würdest?

- Körperlich:____
- Emotional: ____
- Gedanklich: ____

Teil 3 – Der Switch-Moment

Was wirst du heute bewusst langsamer machen – nicht als Verzicht, sondern als Rückkehr zu dir? (z. B. Gehen. Antworten. Kauen. Entscheiden. Atmen.)

Gedankenmatrix Decoder & Reflexion
- Wo hetze ich durch mein Leben – und was verpasse ich dadurch wirklich?
- Wie fühlt sich mein eigenes Tempo an – körperlich, geistig, seelisch?
- Heute habe ich mich nicht gebremst. Ich habe mich zurück in mein Maß geholt.
- Ich gehe nicht langsam. Ich gehe echt.

Abschlussgedanke:
Wenn du im Einklang mit dir gehst, erreichst du Dinge, von denen du im Tempo-Modus nicht mal wusstest, dass du sie brauchst.

Tag 44 – Die Entscheidungsschlaufe
Warum du so oft zweifelst – und wie du in die Klarheit kommst.
„Zweifel sind nicht immer ein Zeichen von Unsicherheit. Manchmal sind sie nur die höfliche Form von Angst."

Neuro-Hack / Gedankenmatrix-Fact
Entscheidungsverzögerung aktiviert im Gehirn das sogenannte Konfliktnetzwerk (präfrontaler Cortex + anteriorer cingulärer Cortex).
Studien zeigen:
Je länger du zwischen Optionen hin- und herdenkst, desto weniger Klarheit entsteht – und desto mehr Stresshormone werden ausgeschüttet. Das Gehirn interpretiert Unentschlossenheit als „Gefahr".

Du brauchst keine Garantie.
Du brauchst eine Wahl. Zweifel fühlen sich oft tiefgründig an. In Wahrheit sind sie häufig:
- ein Schutzmechanismus
- eine Verschiebungstaktik
- ein versteckter Versuch, Sicherheit zu erzwingen

Und weil du spürst, dass es keine Garantie gibt, bleibst du stehen – und nennst es „Ich bin noch nicht soweit."
Doch was, wenn der Zweifel nicht zur Lösung führt – sondern dich in der Warteschleife festhält?
Heute steigst du aus. Nicht mit Gewalt, sondern mit Klarheit.
Denn Klarheit ist kein Gefühl. Es ist eine Wahl.

Code Breaker-Übung – Die Ausstiegsschleife
Teil 1 – Dein Dauerdialog
- Wähle eine Entscheidung, die du immer wieder verschiebst: (z. B. Kontakt, Projekt, Wandel, Abgrenzung)

- Was denkst du in der Dauerschleife immer wieder?

„Vielleicht sollte ich noch…" „Was, wenn…" „Ich könnte auch…"

Teil 2 – Die Wahrheit dahinter
- Was willst du eigentlich – hinter der Schleife? Und was fürchtest du wirklich, wenn du es klar entscheidest?

Teil 3 – Die Klarheit-Formel
Formuliere deine Entscheidung – nicht als Endgültigkeit, sondern als klaren nächsten Schritt.
„Ich entscheide mich heute für… nicht weil ich alles weiß, sondern weil ich Klarheit verdient habe."

Sag's dir laut. Spür, wie etwas in dir zur Ruhe kommt. Nicht, weil es perfekt ist – sondern weil es endlich geführt ist.

Gedankenmatrix Decoder & Reflexion
- Was hält mich wirklich in der Schleife – Information oder Angst?
- Wie fühlt es sich an, einfach eine Wahl zu treffen – auch ohne Perfektion?
- Heute habe ich mich nicht durchgedacht. Ich habe mich gewählt.
- Zweifel müssen nicht weg. Ich muss nur nicht mehr in ihnen wohnen.

Abschlussgedanke:
Klarheit ist kein Licht, das vom Himmel fällt. Sie ist eine Entscheidung, das Flackern zu beenden.

Tag 45 – Die Energie der Entscheidung
Wie echtes Commitment deine Biochemie verändert und dich zum Magnet für Klarheit macht.
„Wenn du dich ganz entscheidest, entscheidet sich das Leben mit dir."

Neuro-Hack / Gedankenmatrix-Fact
Das Gehirn reagiert messbar auf klare Entscheidungen: Sobald du eine Wahl bewusst triffst, aktivieren sich dopaminproduzierende Zentren im Belohnungssystem (v.a. ventrales Striatum & ventromedialer präfrontaler Cortex).
Der Effekt:
Du bekommst nicht nur mentale Klarheit – du erzeugst neue Energie, Handlungsbereitschaft und eine Art inneren Magnetismus für Fokus & Umsetzung.
Wichtiger Zusatz:
Eine Entscheidung wirkt nur dann kraftvoll, wenn sie verkörpert, gefühlt und getragen wird. Nicht halb. Nicht vielleicht. Sondern mit einem kraftvollen ganzem **Ja - tief aus dem Herzen.**

Wenn du dich entscheidest, folgt dein System.
Viele leben im „Ich versuch's mal"-Modus. Oder im „Wenn's klappt, bleib ich dabei"-Zustand. Doch dein Körper, dein Verstand und deine Realität reagieren nicht auf Unsicherheit – sondern auf echte Bindung. Eine Entscheidung ist wie ein inneres Versprechen: „Ich bin dabei. Ganz. Jetzt."
Keine Garantie. Doch ein ganz neuer Kanal wird frei:
- Energie
- Ideen
- Kraft
- Synchronizitäten
- Unterstützung
- innere Autorität

Heute geht es um dein energetisches Commitment. Nicht nur zu etwas, sondern zu dir selbst als schöpferische Kraft.

Code Breaker-Übung – Dein Commitment-Vertrag
Teil 1 – Was will jetzt durch mich geschehen?
Spür in dich hinein: Was ruft danach, dass du dich wirklich dafür entscheidest? Nicht mehr halb. Nicht mehr zögernd. Jetzt.

Teil 2 – Dein innerer Vertrag
Formuliere deine Entscheidung heute als eine Art Schwur – für dich, in deiner Sprache, mit Kraft.
„Ich entscheide mich für… und ich bin bereit, diesen Weg zu gehen – geführt, klar, getragen."

Lies ihn dir laut vor. Drei Mal. Spür, wie dein System reagiert.

Teil 3 – Das kleine Zeichen
Wähle ein Symbol heute, das deinen Entschluss begleitet. Ein
Armband, ein Stein, eine Karte, ein Duft, ein Wort. Es wird
dich erinnern: „Ich bin entschieden."

Gedankenmatrix Decoder & Reflexion
- Was verändert sich in mir, wenn ich nicht mehr teste,
  sondern wähle?
- Was wird möglich, wenn ich mich ganz zu mir bekenne –
  nicht nur zu einem Ziel?
- Heute habe ich keine Option gewählt. Ich habe mich selbst
  gestärkt.
- Entscheidung ist keine Einengung. Sie ist Ausrichtung auf
  mein größtes Ja.

Abschlussgedanke:
Sobald du dich ganz ausrichtest, richten sich Kräfte auf dich
aus, die vorher keinen Weg fanden.

Gedankenfunker #12 – Die Energie der Entscheidung
Warum echte Entscheidungen dein System neu verkabeln –
und dich magnetisch machen.
Deine Biochemie folgt deiner Klarheit. Wenn du dich ganz
entscheidest – mit Körper, Gefühl und Fokus – verändert sich
nicht nur dein Denken. Dein ganzes System rückt nach:
- Neurotransmitter steigen (v. a. Dopamin & Acetylcholin)
- deine Wahrnehmung wird fokussierter
- du spürst mehr Selbstwirksamkeit
- du ziehst eher das an, was deiner Richtung entspricht

Entscheidung wirkt wie ein innerer Magnet – für Energie,
Synchronizität, Handlungsfreude.

Der Shift beginnt nicht mit äußeren Fakten. Er beginnt mit einem inneren „JA". Nicht halbherzig. Nicht „erst mal gucken". Sondern: Ich bin dabei. Mit mir. Für mich. Jetzt.
Das ist keine Härte. Das ist sanfte Macht.

✍ **Zum Mitschreiben:**
„Ich richte mich aus." „Ich bin mein eigener Vertrag."
„Meine Entscheidung ist mein energetisches Bekenntnis – zu mir."

Erinnerung:
Zögern sendet gemischte Signale – nach innen und außen. Klarheit sendet Frequenz. Und auf Frequenz antwortet das Leben.

Tag 46 – Der Beziehungsfilter
Was du wirklich aussendest, empfängst und spiegelst – auch wenn du nichts sagst.
„Du ziehst nicht an, was du willst – du ziehst an, was du bist, was du glaubst und was du sendest."

Neuro-Hack / Gedankenmatrix-Fact
Zwischenmenschliche Resonanz basiert nicht auf Worten, sondern auf energetisch-emotionaler Frequenz. Über 90 % deiner Kommunikation geschieht nonverbal – gesteuert durch:
- Körpersprache
- Mimik
- Mikrobewegungen
- elektromagnetische Felder deines Herzens (HeartMath)

Das bedeutet:
Du kannst nichts nicht senden. Und dein Gegenüber spürt deine Haltung, nicht deine Maske.

Verbindungen beginnen innen.
Sie spiegeln deinen inneren Code. Du kannst liebevoll sprechen – doch wenn du innerlich ablehnst, wird die Verbindung nie ganz weich.

Du kannst stark auftreten – doch wenn du dich klein fühlst,
wird der andere es merken.
Beziehungen sind Resonanzräume. Sie spiegeln, was du
vielleicht längst vergessen hast zu fühlen – aber unbewusst
trägst. Heute beginnst du, deinen Beziehungsfilter zu klären:
Nicht um besser zu wirken – sondern um echter zu verbinden.

Code Breaker-Übung – Dein Resonanz-Radar
Teil 1 – Was sende ich wirklich?
Denke an eine wichtige Verbindung (Partner, Freund, Kollege)
- Was wünsche ich mir dort?
- Und was sende ich wirklich – an Energie, Präsenz,
  Reaktion?

Teil 2 – Was will ich spiegeln?
Welche Haltung will ich ab heute bewusst verkörpern,
damit mein Gegenüber sich sicher, gesehen, verbunden fühlt?
(z. B. Vertrauen, Ruhe, Klarheit, Humor, Präsenz)

Teil 3 – Das Spiegel-Ritual
Wähle heute eine Begegnung –
und beobachte dich:
- Welche Gedanken entstehen spontan?
- Was sagt deine Körperhaltung?
- Wie präsent bist du wirklich?
Danach: Reflektiere kurz.
Was kam zurück – und was hast du gesät?

Gedankenmatrix Decoder & Reflexion
- Was habe ich heute bewusst gesendet – und was kam als Resonanz zurück?
- Welche innere Haltung will ich in meine Beziehungen einweben – nicht als Rolle, sondern als Wahrheit?
- Heute habe ich nicht nur gesprochen. Ich habe gesendet.
- Verbindung beginnt mit mir – und sie wirkt über das, was ich verkörpere.

Abschlussgedanke:
Worte können beeindrucken. Energie kann verbinden. Und du darfst heute beides bewusst wählen.

Tag 47 – Der Selbstbild-Code
Wie du dein inneres Bild neu malst – und deine Realität mit veränderst.
„Du kannst dich nicht größer leben, als dein inneres Bild von dir selbst."

Neuro-Hack / Gedankenmatrix-Fact
Das sogenannte Selbstschema ist ein neuronales Netzwerk aus Erinnerungen, Bewertungen, emotionalen Erlebnissen und inneren Bildern. Es formt, was du für möglich hältst – und was du dir zutraust.
Neurowissenschaftlich belegt (z. B. durch die Arbeit von Hazel Markus und Antonio Damasio):
Dieses Selbstbild ist formbar durch Vorstellungskraft + Wiederholung, besonders wenn Emotionen & Körpererleben mit einfließen.
Das heißt: Du kannst dein inneres Selbstbild gezielt umschreiben – und damit deine ganze Realität „neu codieren".

Wer du glaubst zu sein, entscheidet, was du dir erlaubst zu leben.

Die meisten Menschen wünschen sich Veränderung – doch
innerlich tragen sie noch das alte Bild:
- „Ich bin nicht gemacht für Erfolg."
- „Ich bin zu sensibel."
- „Ich kriege das nie richtig hin."

Dieses Bild wirkt wie eine unsichtbare Grenze: Du kannst nicht
dauerhaft leben, was du dir innerlich nicht zuschreibst.

Heute darfst du zum inneren Künstler werden:

Du malst ein neues Bild. Eines, was wirklich frei von den
Lügen ist, sich traut und die alten Wunden geheilt hat.

Code Breaker-Übung – Dein Selbstbild-Rewrite

Teil 1 – Was sehe ich in mir?

- Schließ die Augen. Wenn du dich als Bild sehen würdest –
  wie siehst du dich aktuell? (Ganz EHRLICH)

- Farben: ____
- Form / Zustand: _______________________________________
- Energie: ____

Teil 2 – Was darf sich verändern?

- Welche Aspekte möchtest du neu gestalten, betonen oder
  ganz rausnehmen? (z. B. Unsichtbarkeit, Schwere,
  Starrheit, Leichtigkeit, Strahlkraft, Klarheit)

Teil 3 – Dein neuer Pinselstrich

Formuliere einen Satz, der nicht nur neu klingt, sondern sich
neu anfühlt – und dein Bild verändert. z. B. „Ich sehe mich in
meinem Licht – und das verändert meine Form." „Ich bin klar,
weich und kraftvoll – und das zeigt sich jetzt auch außen."

Wiederhole diesen Satz heute im Spiegel – und male ihn
innerlich nach.

Gedankenmatrix Decoder & Reflexion
- Welches Bild hat mich innerlich zurückgehalten – ohne dass ich es bewusst gemerkt habe?
- Wie verändert sich mein Außen, wenn ich mein Innen anders sehe?
- Heute habe ich nicht mich verändert. Ich habe das Bild verändert, das mich formt.
- Mein Selbstbild ist nicht in Stein gemeißelt. Es ist ein lebendiges Kunstwerk.

Abschlussgedanke:
Wenn du beginnst, dich anders zu sehen, beginnt die Welt, anders auf dich zu reagieren.

Tag 48 – Emotionale Aufräumarbeit
Was du fühlst, darf sich verändern – wenn du es lässt.
„Gefühle wollen nicht festgehalten werden. Sie wollen verstanden, gewürdigt und dann freigelassen werden.“

Neuro-Hack / Gedankenmatrix-Fact
Gefühle sind neurochemische Zustände, die über Neurotransmitter, Hormone und Körperreaktionen innerhalb von 90 Sekunden wieder abklingen können – wenn sie nicht durch Gedanken neu befeuert werden.
Dr. Jill Bolte Taylor (Neurowissenschaftlerin) zeigt: Ein reines Gefühl hat einen biologischen Ablauf von ca. 1,5 Minuten. Danach entsteht das „Dauerdrama“ nur, wenn der Verstand es mit alten Geschichten aufrechterhält.

Du musst dein Gefühl nicht kontrollieren.
Du darfst es erleben und loslassen. Viele Menschen tragen emotionale Altlasten mit sich herum – wie alte Kartons, die nie ausgepackt wurden:

- Schuld, die nicht dir gehört
- Wut, die nie ausgesprochen wurde
- Angst, die aus vergangenen Räumen stammt
- Trauer, die nicht gesehen wurde

Gefühle sind keine Störung. Sie sind Informationen. Und heute beginnst du, sie zu sortieren – nicht zu verdrängen. Denn inneres Chaos entsteht oft nicht durch das, was du fühlst – sondern durch das, was du festhältst.

Code Breaker-Übung – Emotionale Inventur
Teil 1 – Was liegt bei mir noch rum?
Welche Gefühle tragen sich schon lange mit – aber durften nie ganz gesehen oder durchfühlt werden?

Teil 2 – Das Erlauben
Wähle heute ein Gefühl – und setz dich bewusst damit hin.
Keine Analyse. Kein Drama.
Nur:
- Spüren
- Atmen
- Benennen
- Durchfließen lassen

Sag dir dabei: „Ich lasse mich fühlen. Und ich lasse es gehen."

Teil 3 – Der emotionale Reset-Satz
„Ich danke dir, Gefühl – du hast mich beschützt, gewarnt, gespiegelt. Jetzt darfst du weiterziehen."

Wiederhole diesen Satz so lange, bis dein System stiller wird.

Gedankenmatrix Decoder & Reflexion
- Welches Gefühl habe ich heute zum ersten Mal bewusst gehalten – nicht abgewehrt?
- Was verändert sich in mir, wenn ich nicht unterdrücke, sondern loslasse?
- Heute habe ich nicht verdrängt. Ich habe befreit.
- Gefühle sind nicht das Problem. Festhalten ist der Schmerz.

Abschlussgedanke:
Alles, was du zulässt, darf sich wandeln. Alles, was du loslässt, macht dich freier.

Tag 49 – Der Reset deiner inneren Stimme
Wie du aufhörst, dich klein zu reden – und beginnst, dich zu führen.
„Die lauteste Stimme in deinem Leben sollte nicht die der Angst sein, sondern deine eigene, klare, ehrliche – und stärkende Stimme."

Neuro-Hack / Gedankenmatrix-Fact
Dein innerer Dialog aktiviert dieselben Hirnregionen wie gesprochene Kommunikation mit anderen.
Das bedeutet:
Was du über dich denkst und dir innerlich sagst, beeinflusst direkt:
- deine Hormonlage
- deine Muskelspannung
- deine Entscheidungsfähigkeit
- und sogar deine Immunabwehr (laut Studien zur Psycho-Neuro-Immunologie)

Du wirst, was du über dich denkst. Und du fühlst, wie du mit dir sprichst.

Deine Stimme formt deinen Weg.

Vielleicht hast du Sätze übernommen:

- „Das schaffe ich eh nicht."
- „Ich bin nicht so der Typ dafür."
- „Ich kann mich einfach nicht entscheiden."

Und du dachtest, das sei Realismus. Doch in Wahrheit ist es Autopilot-Rhetorik, gespeist aus alten Prägungen – nicht aus Wahrheit.

Heute beginnt dein Stimmwandel. Nicht laut. Nicht künstlich positiv. Sondern ehrlich, klar, stärkend.

Deine innere Stimme ist kein Echo mehr. Sie wird wieder zu deinem inneren Kompass.

Code Breaker-Übung – Sprachwechsel im Kopf

Teil 1 – Der innere Tonfall

Nimm dir 5 Minuten Stille. Lausche: Wie redest du mit dir?

- Wie klingt dein Selbstgespräch, wenn etwas nicht klappt?
- Welche typischen Wörter benutzt du?

Teil 2 – Der neue Ton

Schreibe dir 3 Sätze um, die du dir oft sagst – und die dich limitieren. Ersetze sie durch klare, mitfühlende, führende Sprache: z. B.

„Ich kann das nicht." - „Ich lerne gerade, wie ich es kann."

„Ich bin zu sensibel." - „Meine Feinfühligkeit ist meine Stärke."

Teil 3 – Tägliche Stimmverankerung
Wähle einen Leitsatz, der ab heute dein Denken neu ausrichtet. Sprich ihn täglich – in den Spiegel, beim Zähneputzen,
im Kopfkino. "Ich folge meiner inneren Stimme – und sie lernt
gerade, kraftvoll zu klingen."

Gedankenmatrix Decoder & Reflexion
- Wie klingt meine Stimme in mir – wenn sie nicht
  kleinmacht, sondern begleitet?
- Was verändert sich, wenn ich mein Inneres wie einen
  Freund anspreche – nicht wie einen Gegner?
- Heute habe ich nicht gedacht, um mich zu bremsen. Ich
  habe gesprochen, um mich zu führen.
- Meine Stimme darf der Ton sein, auf dem mein Leben
  schwingt.

Abschlussgedanke:
Die Stimme in dir ist kein Zufall. Du kannst sie wählen – Wort
für Wort, Satz für Satz, Tag für Tag.

Tag 50: Halbe Strecke, voller Shift – Die Erinnerung daran, wer du längst bist

"Werde, der du bist." – Friedrich Nietzsche

Neuro-Hack:

Neurowissenschaftliche Studien zeigen, dass es etwa 66 Tage konsequenter Wiederholung braucht, um eine neue Gewohnheit im Gehirn zu verankern.

An Tag 50 hast du also bereits tief in deinem Gehirn neue neuronale Verknüpfungen gebildet – unsichtbare Pfade, die immer stabiler werden, auch wenn man die volle Wirkung vielleicht erst später sieht. Du stehst jetzt auf der halben Strecke deiner 90-Tage-Reise. Vielleicht fragst du dich, ob sich wirklich schon etwas verändert hat – schließlich sieht das äußere Leben oft noch ähnlich aus. Doch unter der Oberfläche hat sich bereits ein Wandel vollzogen. Stell dir vor, dein bisheriger Weg war wie eine lange Wanderung durch wechselndes Gelände: Mal beschwerlich, mal leicht. Jedes kleine Schrittchen der letzten 49 Tage hat dich näher zu dir selbst geführt, auch wenn das Ziel noch nicht in Sicht ist.

So wie ein Samenkorn unter der Erde zuerst Wurzeln schlägt, bevor der Sprössling das Licht erblickt, hast du innerlich bereits Wurzeln neuen Wachstums gebildet. Es mag von außen unscheinbar wirken, doch die fundamentale innere Veränderung ist im Gange. Vielleicht merkst du es an Kleinigkeiten im Alltag – Zeichen, die dir zuflüstern, dass du nicht mehr dieselbe Person bist wie zu Beginn:

- Du reagierst gelassener auf Situationen, die dich früher gestresst hätten.
- Bestimmte negative Gedanken tauchen seltener auf, oder sie verlieren schneller an Macht über dich.
- Du spürst einen neuen Drang, Gewohnheiten zu pflegen, die dir guttun – selbst wenn die alte Komfortzone noch lockt.

Nimm dir einen Moment, um all dem Ganzen Würdigung zu schenken. Was du bis hierhin geleistet hast, ist bemerkenswert. Oft erkennen wir die eigenen Fortschritte zuletzt, weil wir mit uns selbst jeden Tag aufs Neue aufwachen. Doch überlege mal: Die Person, die heute morgen in den Spiegel schaut, ist in den letzten Wochen Ängste mit konfrontiert worden, hat Gewohnheiten hinterfragt und mutig Neues ausprobiert. **Das verdient Anerkennung!** Lass dieses Bewusstsein in dich einsinken: Du hast bereits eine fundamentale Veränderung angestoßen. Vielleicht fühlte es sich nicht jeden Tag spektakulär an, doch genau die stetigen, unscheinbaren Veränderungen sind es, die am tiefsten gehen. Jetzt, zur Halbzeit, wird es Zeit, diese Veränderungen bewusst zu integrieren. Integration bedeutet, die neuen Erkenntnisse und Gewohnheiten als Teil deines Seins anzunehmen. Du bist nicht mehr der Mensch, der du vor 50 Tagen warst – und das ist etwas **Wundervolles.**

Es kann sein, dass du dich manchmal in einem Spannungsfeld erlebst: zwischen deinem alten Ich und dem neuen Ich, das gerade entsteht. Das ist ganz normal. Dein Gehirn baut alte „Trampelpfade" ab und errichtet neue Autobahnen für Gedanken und Verhaltensweisen, die besser zu deinem heutigen Selbst passen. Anfangs fühlte sich der neue Weg vielleicht holprig an – doch spüre einmal hin: Wird es nicht schon etwas leichter? Deine regelmäßigen Übungen und Entscheidungen formen dein Gehirn um. (Stichwort Neuroplastizität). Was früher bewusste Anstrengung brauchte, geht nun fließender von der Hand. Es ist, als würdest du dich langsam an eine neue Gangart gewöhnen: Deine Schritte in Richtung deines wahren Selbst werden sicherer.

Erlaube dir nun, ins Staunen zu geraten über das, was bereits in dir geschieht.

Diese erste Hälfte der Reise hat dir gezeigt, dass Veränderung möglich ist – tiefgreifender, als man oft in kurzer Zeit für möglich hält. Vielleicht spürst du ein leises Wiedererkennen: Das, was da in dir wächst, ist eigentlich keine fremde Neuheit, sondern ein Teil von dir, der immer schon da war und jetzt endlich ans Licht kommt. Die Erinnerung daran, wer du längst bist, keimt auf. Manchmal hatten wir diesen wahren Kern unter Schichten von Angst, Zweifel oder Routine vergraben. Doch nun lugt er hervor, neugierig und kraftvoll. Staune darüber, wie das Leben dich genau dorthin führt, wo deine Seele dich haben will – näher bei dir selbst. Und während du dieses Staunen zulässt, wächst auch deine Vorfreude: Wenn schon 50 Tage so viel bewirkt haben, was wird dann in den nächsten 40 alles möglich sein?

An diesem Meilenstein darfst du innehalten, zurückblicken – und dann den Blick nach vorn richten. Halbe Strecke geschafft, voller Shift im Gange. Atme tief durch und spüre die Mischung aus Dankbarkeit und leiser Aufregung in dir. Du bist auf Kurs, mehr denn je. Alles, was du bisher investiert hast, arbeitet weiter in dir. Mach dir bewusst: Du musst nichts werden, was nicht schon in dir angelegt ist. Die zweite Hälfte dieser Reise wird dich dabei unterstützen, all das zum Vorschein zu bringen, was dich in deinem Innersten schon immer ausmacht.

Code Breaker-Übung: Halbzeit-Reflexion
Diese Übung hilft dir, die ersten 49 Tage bewusst zu reflektieren und dich mit frischer Entschlossenheit auf die zweite Hälfte auszurichten:

1. **Rückblick:** Nimm dir dein Journal oder ein Blatt Papier und schreibe einen ehrlichen Rückblick auf Phase 1 (Tag 1–49). Was hast du in dieser Zeit erlebt und gelernt? Liste mindestens fünf Erkenntnisse oder Ereignisse auf, die dir in Erinnerung geblieben sind – seien es kleine Erfolge, überwundene Schwierigkeiten oder Aha-Momente. Würdige auch die unsichtbaren Siege, z.B. Tage, an denen du trotz innerer Widerstände weitergemacht hast.

2. **Shift-Reflexion**: Spüre nun in dich hinein und reflektiere die inneren Veränderungen. Notiere drei konkrete Veränderungen in deinem Denken, Fühlen oder Verhalten, die dir aufgefallen sind. Vielleicht reagierst du heute anders auf Stress als vor Beginn der Reise? Vielleicht hat sich dein Selbstbild oder dein Gefühl von Selbstwert verschoben? Schreibe auf, wie du dich selbst jetzt wahrnimmst im Vergleich zu vor 49 Tagen. Diese Reflexion macht den Shift greifbar: Du erkennst schwarz auf weiß, was sich in dir bereits verwandelt hat.

3. **Entscheidungsstatement**: Formuliere zum Abschluss ein kraftvolles Statement als Entscheidung für die zweite Hälfte deiner Reise. Dieser Satz soll dich daran erinnern, wer du wirklich bist und wofür du dich ab jetzt einsetzt. Formuliere ihn positiv und im Präsens, als würde er bereits voll zutreffen. Beispiele: "Ich handle ab heute aus meinem echten Selbst heraus – mutig, authentisch und frei." Oder: "Ich entscheide mich, meine bereits begonnene Transformation mit Liebe und Disziplin fortzusetzen." Finde Worte, die dich tief berühren und motivieren. Schreibe dein Entscheidungsstatement groß auf (gern kreativ gestaltet) und platziere es an einem Ort, wo du es täglich siehst. Es wird dein Leitsatz für die kommenden 40 Tage – eine Erinnerung an deinen vollen Shift.

Gedankenmatrix Decoder – Reflexionsfragen

- Welche inneren Fortschritte nimmst du an dir wahr, die für Außenstehende vielleicht unsichtbar bleiben?
- Wenn du deinem Ich vom Tag 1 etwas sagen könntest, was wäre das? (Welche Erkenntnis von heute würdest du deinem früheren Selbst mitgeben?)
- Woran erinnerst du dich selbst, wenn Zweifel aufkommen, ob sich wirklich etwas verändert? (Welche Beweise für deinen Wandel kannst du dir vor Augen führen?)
- Wie fühlt es sich an, zu wissen, dass die beste Version deiner selbst bereits in dir angelegt ist? Beschreibe dieses Gefühl.
- Was bedeutet für dich persönlich "Wer du längst bist"?
- Wie kannst du diesen Aspekt deines Wesens in der zweiten Hälfte noch bewusster zum Ausdruck bringen?

Abschlussgedanke:

Setze dir nun innerlich die Krone der bisherigen Transformation auf – sie steht dir gut!

Du gehst mit erhobenem Haupt in die zweite Hälfte deiner Reise.

Erinnere dich: Du bist bereits all das, was du werden möchtest. Die zweite Etappe wird diese innere Wahrheit voll erblühen lassen.

Tag 51 – Die Prüfung des Universums
Kreisverkehr oder Klarheit – Wie du erkennst, ob du bereit
bist, wirklich weiterzugehen/weiterzufahren.
*„Das Leben fragt nicht, ob du es verstanden hast. Es prüft, ob
du es verkörperst."*

Neuro-Hack / Gedankenmatrix-Fact
Erkenntnisse werden erst dann langfristig neuronale Realität,
wenn sie nicht nur kognitiv verstanden, sondern emotional
erlebt und körperlich wiederholt wurden.
Die Forschung zur Langzeitpotenzierung (LTP) zeigt:
Nur durch Wiederholung in neuen Kontexten werden
Synapsen wirklich stabilisiert – genau deshalb begegnet dir
eine „Lektion" oft mehrfach – in Variationen.
➤ Das Universum testet nicht dich – es vertieft deine
Fähigkeit, Bewusstheit zu leben.

Du wirst nicht geprüft, um zu scheitern.
Du wirst geprüft, um zu wachsen. Vielleicht kennst du das: Du
hast eine Erkenntnis. Du fühlst dich klar. Du denkst: „Jetzt hab
ich's. Und dann – Boom: Das gleiche Thema taucht wieder
auf. Gleiches Muster, andere Verpackung. Gleiches Gefühl,
andere Person. Und du fragst dich: „Hab ich denn gar nichts
gelernt?" Doch was, wenn das kein Rückschritt ist – sondern
eine Vertiefungsschleife? Das Leben fragt nicht: „Hast du's
verstanden?" Es fragt: „Lebst du es jetzt – auch, wenn's
wehtut, wackelt oder anders aussieht als gedacht?" Jede
emotionale Wiederholung ist eine Art Abschlussprüfung:
Nicht als Strafe, sondern als Bewusstseins-Booster. Und
manchmal ist es so wie im Straßenverkehr: Du siehst den
Kreisverkehr – und denkst, du hast die richtige Ausfahrt. Doch
irgendwas führt dich noch einmal herum. Nicht weil du falsch
bist. Nein, du darfst daraus noch einmal etwas wichtiges
mitnehmen. Noch eine Kleinigkeit integrieren, klären,
loslassen.

Code Breaker-Übung – Die Kreisverkehr-Frage

Teil 1 – Woran erkennst du deine Prüfungen?
- Spür in dein aktuelles Leben: Gibt es eine Wiederholung, ein Thema, ein Gefühl, das sich scheinbar „nicht löst"?

Teil 2 – Was darfst du noch einsammeln?
Welche Information, Haltung oder Entscheidung fehlt dir noch, um die nächste Ausfahrt mit Klarheit zu nehmen?
(z. B. Selbstannahme, klare Grenze, neues Nein, weniger Angst, mehr Vertrauen)

Teil 3 – Die bewusste Ausfahrt
Formuliere deinen neuen Satz. Eine Art seelisches Lenkrad:
„Ich nehme die Ausfahrt – weil ich erkenne, dass ich bereit bin."
„Ich darf loslassen, was ich nicht mehr bin."

Lies ihn dir vor – mit geschlossenen Augen. Und spür: Du bist weiter als du denkst.

Gedankenmatrix Decoder & Reflexion
- Was in mir hat gedacht, dass Wiederholungen Rückschritte sind – und wie fühlt sich die neue Perspektive an?
- Welche alten Gefühle dürfen jetzt einfach mal auftauchen – ohne dass ich ihnen wieder die Führung überlasse?
- Heute habe ich meine Schleifen nicht verurteilt. Ich habe sie als Lernräume erkannt.
- Klarheit entsteht nicht durch Kontrolle. Sondern durch innere Bereitschaft.

Abschlussgedanke:
Manche Wiederholungen sind keine Strafe. Sie sind die
Chance, aus Wissen Weisheit werden zu lassen.

Tag 52 – Selbstsicherheit in Bewegung
Wie du dir vertraust, auch wenn der Boden noch wackelt.
*„Sicherheit ist kein Zustand im Außen. Es ist das Vertrauen,
dass du dich in jedem Zustand halten kannst."*

Neuro-Hack / Gedankenmatrix-Fact
Selbstvertrauen entsteht nicht durch Perfektion, sondern durch
Erfahrungen der Selbstwirksamkeit: Situationen, in denen du
merkst: „Ich kann mich selbst halten."
Studien zur embodied cognition (verkörpertem Denken)
zeigen: Körperhaltung, Atmung und Bewegung beeinflussen
dein Selbstbild – auch ohne äußeren „Beweis".
Wer sich innerlich sicher fühlt, beginnt, sicher zu wirken und
zu handeln.
➤ Selbstsicherheit entsteht nicht in der Ruhe, sondern in der
Bewegung durch das Ungewisse.

Du darfst dich führen, auch wenn du noch zitterst.
Viele glauben: Sobald ich mich sicher fühle, handle ich.
Doch in Wahrheit funktioniert es oft genau andersherum:
Du handelst – und dadurch entsteht das Gefühl von
Sicherheit. Denn Selbstsicherheit ist nicht das Fehlen von
Angst. Es ist der Moment, in dem du deine Angst mitnimmst –
aber ihr nicht mehr das Steuer überlässt. Heute gehst du
einen Schritt trotz Unsicherheit – nicht gegen sie, sondern mit
ihr. Und genau darin liegt deine neue Stärke:
Bewegung, obwohl der Boden noch nicht fest wirkt.

Code Breaker-Übung – Selbstsicherheit aktivieren

Teil 1 – Wo wackelt mein Boden?
In welchem Lebensbereich fühlst du dich aktuell unsicher oder zögerlich?

Was genau macht den Boden dort „wackelig"?

Teil 2 – Was trägst du schon in dir?
Welche Fähigkeiten, Ressourcen oder Erfahrungen in dir helfen dir, diesen Bereich zu navigieren – auch ohne Garantie? (z. B. Mut, Durchhaltevermögen, Klarheit, Intuition, neue Erkenntnisse aus diesem Buch)

Teil 3 – Dein Bewegungsschritt heute
Was ist eine kleine Handlung, die du heute machen kannst, um dir Sicherheit durch Bewegung zu schenken? (z. B. einen Text abschicken, ein Gespräch führen, einen Termin buchen, dich sichtbar machen)

Wähle. Tue. Spüre dich.
Nicht weil du alles weißt – sondern weil du dich fühlst.

Gedankenmatrix Decoder & Reflexion

Wie fühlt es sich an, mir selbst Sicherheit zu geben – anstatt sie zu suchen?

Was habe ich heute gemacht, obwohl ich innerlich noch gezweifelt habe – und was hat das in mir verändert?

Heute habe ich nicht auf Sicherheit gewartet. Ich habe mich selbst zur sicheren Basis gemacht.

Bewegung schafft Vertrauen. Nicht andersherum.

Abschlussgedanke:

Dein Halt entsteht nicht durch festes Land. Er entsteht, wenn du dir selbst ein fester Grund wirst – auch in Bewegung.

Tag 53 – Der emotionale Rucksack

Was du trägst, was du loslassen darfst – und was dich leichter macht.

„Du kannst keine neuen Höhen erreichen, wenn du Gepäck trägst, das für einen alten Weg gedacht war.“

Neuro-Hack / Gedankenmatrix-Fact

Emotionale Erinnerungen werden nicht nur im Gedächtnis, sondern auch im Körper und im Nervensystem gespeichert. Studien zur somatischen Markierungstheorie (Antonio Damasio) zeigen: Körper und Emotionen verbinden sich zu emotionalen Ladungen, die in belastenden Momenten wie „Mitschwingungen" wirken – oft unbewusst.

➤ Das Loslassen emotionalen Gepäcks ist kein Vergessen, sondern ein bewusstes Umwandeln und Entkoppeln.

Du trägst viel. Aber nicht alles musst du weitertragen.

Vielleicht hast du gelernt, stark zu sein. Viel zu halten. Für andere da zu sein. Oder du hast dir angewöhnt, nichts zu vergessen.

Emotionale Altlasten wirken wie konditionierte Trigger: Erlebte Emotionen und Gedanken werden im limbischen System (v. a. Amygdala & Hippocampus) als Muster abgespeichert – inklusive körperlicher Reaktionen. Solange diese Inhalte nicht bewusst reflektiert und verarbeitet werden, kann schon ein kleiner Impuls (ein Wort, ein Blick, eine Erinnerung) dein Nervensystem in Alarmbereitschaft versetzen.

➤ Loslassen entlastet nicht nur mental – es beruhigt dein gesamtes System.

Was du mit dir trägst, prägt, wie du dich bewegst.
Du kennst das Bild: Ein Wanderer mit schwerem Rucksack, der längst vergessen hat, was er alles darin verstaut hat.
So tragen auch wir oft mit uns:
- Emotionen, die nie ganz gefühlt wurden
- Geschichten, die nie abgeschlossen wurden
- Bewertungen, die wir übernommen haben
- Rollen, die nie wirklich unsere waren

Und je länger du das Gewicht ignorierst, desto mehr scheint das Leben schwer – nicht weil es das ist, sondern weil du es so trägst.
Heute ist Auspacktag. Kein Urteil. Kein Druck.
Nur: hinschauen, würdigen, entscheiden. Denn du bist weiter als du denkst – und du darfst leichter gehen, wenn du wählst, was du mitnehmen willst.

Code Breaker-Übung – Rucksack-Reflexion
Teil 1 – Was ist in deinem Rucksack?
Nimm dir Zeit. Sei ehrlich. Was trägst du emotional mit – oft unbewusst?

-
-
-

Teil 2 – Was darf heute raus?
Stell dir vor, du öffnest den Rucksack. Was darf jetzt gehen?
Was hat seine Lektion erfüllt?
Formuliere für jedes Stück:
„Ich danke dir – und ich lasse dich jetzt los."

Teil 3 – Was bleibt – und was kommt neu rein?
Was willst du stattdessen mitnehmen für den weiteren Weg –
emotional, mental, energetisch? (z. B. Vertrauen, Klarheit,
Weichheit, Mut, Freude, Leere für Neues)

Schreib deinen neuen Reisesatz:
„Ich gehe ab heute leichter – mit … und frei von …"

Gedankenmatrix Decoder & Reflexion
- Was habe ich viel zu lange mit mir herumgetragen – ohne
  es zu hinterfragen?
- Wie fühlt es sich an, emotionalen Ballast bewusst
  abzulegen? Heute habe ich mich nicht von etwas getrennt.
  Ich habe Platz gemacht für das, was mich wirklich stärkt.
- Ich muss nicht alles behalten, um alles gelernt zu haben.

Abschlussgedanke:
Du darfst dich befreien – nicht weil du Flucht brauchst,
sondern weil du frei losgehen willst.

Tag 54 – Mentale Umgebung
Wie dein Denken durch Räume, Menschen und Energien
geformt wird.
*"Wenn du das Gefühl hast, dich ständig neu sortieren zu
müssen, dann liegt es vielleicht nicht an dir – sondern an
deiner Umgebung."*

Neuro-Hack / Gedankenmatrix-Fact
Das Gehirn ist extrem empfänglich für Kontextreize – Farben,
Geräusche, Menschen, Gerüche, Energie, Atmosphäre.
Studien zur Kontextabhängigkeit von Gedächtnis und
Verhalten zeigen: Gedanken, Emotionen und sogar deine
Selbstwahrnehmung verändern sich je nach Umgebung.
➤ Der Raum, in dem du dich befindest – physisch & sozial –
formt deine innere Frequenz.

Dein Umfeld ist nicht neutral.
Es beeinflusst, was du fühlst, denkst und für möglich hältst.
Deine mentale Umgebung ist wie ein stiller Mitbewohner: Sie
spricht nicht, aber sie flüstert ständig in dein
Unterbewusstsein:
- durch Menschen, die dich klein halten
- durch Räume, die dich unruhig machen
- durch digitale Felder, die deine Energie zerstreuen
- durch Routinen, die deine Größe dämpfen

Und manchmal ist es nicht dein Mindset, das schwankt –
sondern das Umfeld, das dich von dir selbst ablenkt. Heute
wirst du zum Architekt deiner Umgebung. Nicht durch äußere
Flucht, sondern durch innere Neuausrichtung: Was darf näher
ran – und was braucht Abstand? Was inspiriert mich – und
was entzieht mir Energie?

Code Breaker-Übung – Dein Umgebungs-Scan

Teil 1 – Räume & Resonanz

Wähle 1–2 Orte, an denen du dich regelmäßig aufhältst. Wie fühlst du dich dort – mental, emotional, körperlich?

- Ort 1: _______________________________
- Gefühl dabei: _______________________________
- Ort 2: _______________________________
- Gefühl dabei: _______________________________

Teil 2 – Menschen-Energie

Denk an 3 Personen aus deinem Umfeld. Wer nährt mich – wer zehrt mich?

- Person A: _______________________________
- Person B: _______________________________
- Person C: _______________________________

✍ Wen darfst du öfter spüren – und wo brauchst du neue Grenzen?

Teil 3 – Dein Umgebungsschlüssel

Formuliere einen Satz als klare Ausrichtung:

„Ich entscheide mich für Felder, in denen ich wachsen darf – nicht schrumpfen muss."

„Ich erlaube mir Räume, die mich an meine Größe erinnern."

✍

Gedankenmatrix Decoder & Reflexion

- Was verändert sich in meinem Denken, wenn ich meine Umgebung bewusst wähle?
- Welche kleine Veränderung kann ich heute in einem Raum oder Kontakt anstoßen – für mehr mentale Klarheit?
- Heute habe ich mich nicht angepasst. Ich habe ausgerichtet.
- Mein Wachstum braucht Wurzeln – aber auch das richtige Klima.

Abschlussgedanke:
Manche Felder lassen dich aufblühen. Andere halten dich im Keim. Du darfst wählen, wo du gedeihst.

Tag 55 – Rückschau aus der Zukunft
Wie du dich aus Sicht deines zukünftigen Selbst erkennst und stärkst.
„Was würdest du heute tun, wenn du wüsstest, dass dein Zukunfts-Ich dir gerade zusieht – und dir dankt?"

Neuro-Hack / Gedankenmatrix-Fact
Das Gehirn kann keinen Unterschied machen zwischen Erinnerung und Vorstellung – dieselben Hirnregionen (präfrontaler Cortex, visuelles System, limbisches Zentrum) werden aktiviert, wenn du dich in die Zukunft projizierst.
Diese Technik nennt sich prospektive Selbstreflexion – und sie kann deine Entscheidungen fundamental verändern, wenn du dich fragst:
„Wie werde ich rückblickend auf heute blicken – aus der Perspektive meines größeren Selbst?"
Dein Zukunfts-Ich kennt bereits, was du gerade suchst.
Manchmal verlieren wir die Richtung, weil wir aus dem Jetzt bewerten, was gerade schwer ist. Doch dein zukünftiges Ich hat bereits durchlebt, was du gerade aufbaust.
Es weiß:
- wie viel Mut du gebraucht hast
- welche Schleifen du beendet hast
- welche Entscheidung dich zu dir zurückgeführt hat

Dein Zukunfts-Ich hat Klarheit – weil du jetzt gerade bereit bist, zu wachsen. Stell dir vor: Du bist 90 Tage weiter. Du wachst auf mit einem anderen Gefühl für dich, für dein Leben, für deine Möglichkeiten. Was würdest du dir selbst rückblickend sagen. Heute geht es darum, dich aus dieser Perspektive zu sehen – und deinen heutigen Tag mit genau dieser Energie zu beleuchten.

Code Breaker-Übung – Rückblick aus der Zukunft

Teil 1 – Der Blick nach vorn

- Schließ deine Augen. Stell dir dein Zukunfts-Ich vor:

90 Tage weiter, klarer, freier, tiefer bei sich angekommen.
Was siehst du an dir? Wie gehst du? Wie sprichst du? Was ist
anders?

Teil 2 – Der Brief zurück

- Schreib dir selbst einen kurzen Brief aus der Zukunft. Was
  möchte dein zukünftiges Ich dir heute sagen?

„Ich bin stolz auf dich, weil…" „Bitte bleib bei dir, auch wenn…"
„Ich verspreche dir: Wenn du heute XY machst, dann…"

Teil 3 – Der heutige Schritt

- Was kannst du heute tun, damit dein Zukunfts-Ich dir
  morgen danken kann? Nicht groß. Nicht perfekt. Nur
  ehrlich.

Gedankenmatrix Decoder & Reflexion

- Was erkennt mein Zukunfts-Ich, das ich heute noch nicht
  ganz sehen kann?
- Wie fühlt es sich an, wenn ich mein Handeln auf die
  Version ausrichte, die ich werden möchte – nicht auf die,
  die ich überwinden will?
- Heute habe ich nicht für den Moment entschieden. Ich
  habe für meine Version entschieden, die bereits im
  Werden ist.
- Mein Weg ist kein Zufall. Mein Zukunfts-Ich kennt ihn
  bereits.

Abschlussgedanke:
Dein größtes Vorbild könnte dein zukünftiges Selbst sein. Du musst es dir nur erlauben, heute den ersten Schritt dafür zu gehen.

Deep Dive #1 – Der Türrahmen-Effekt

Warum dein Gehirn beim Übergang vergisst – und wie du neue Räume bewusst betrittst.

Was ist der Türrahmen-Effekt?

Kennst du das? Du gehst in ein anderes Zimmer – und hast vergessen, was du dort eigentlich wolltest.

Willkommen beim sogenannten Türrahmen-Effekt (Doorway Effect). Er beschreibt das Phänomen, dass unser Gehirn beim Raumwechsel einen Teil des Gedächtnisinhalts „resettet" – weil es unbewusst denkt: „Neuer Raum = neue Aufgabe."

Was passiert im Gehirn?

Studien der University of Notre Dame zeigen: Der Hippocampus – zuständig für Kontext und Erinnerung – interpretiert den Übergang durch eine Tür als Abschluss einer Situation.

Das Gehirn kappt die Verbindung zur vorherigen Handlung, um kognitiven Platz für Neues zu schaffen. Vergessen ist hier kein Fehler – es ist Effizienz.

Und was heißt das für dich?

Jeder Übergang in deinem Leben – sei es ein echter Umzug, eine Jobveränderung, ein Lebensabschnitt oder sogar eine neue Entscheidung – kann diesen „Gedanken-Cut" auslösen.
Das heißt:

- Du kannst plötzlich vergessen, was du wolltest
- Alte Ziele wirken seltsam fern
- Der Fokus verändert sich – manchmal ungewollt

Aber hier kommt die Kraft: Wenn du dir Übergänge bewusst machst, kannst du sie gestalten – statt dich verlieren.

Anwendung im Alltag – Räume bewusst betreten

◆ Übergänge verlangsamen

➤ Mache es dir ganz bewusst, wenn du physisch oder mental in einen neuen Raum trittst.

◆ Absicht mitnehmen

➤ Sag dir innerlich: „Ich nehme meine Klarheit mit." „Ich weiß, warum ich hier bin."

◆ Mini-Übergangsrituale etablieren (z. B. Hand aufs Herz, Atemzug, Satz wie: „Ich betrete mit Klarheit und Präsenz.")

Reflexion:

- Wo hast du in deinem Leben schon mal den Faden verloren, weil du von einem Raum oder Zustand in den nächsten gestolpert bist?
- Welche Übergänge (Beziehung, Job, Gewohnheiten) darfst du jetzt bewusst gestalten, statt sie einfach „durchzugehen"?
- Was nimmst du heute ganz bewusst mit, wenn du einen neuen Raum betrittst?

Reminder-Satz zum Mitnehmen:

„Ich trete bewusst durch jede Tür – und nehme meine Klarheit mit."

Zusatz: Rituale für Raumwechsel – Bewusstheit statt Gedächtnisverlust

Weil dein Gehirn bei Übergängen automatisch „abschneidet", kannst du dir genau hier neue Gewohnheiten verankern. Nicht nur um nicht zu vergessen, sondern um neue Identität bewusst mitzunehmen.

Vorschlag: Dein Türrahmen-Ritual
Immer wenn du physisch oder sinnbildlich durch eine Tür
gehst (z. B. von der Arbeit nach Hause, vom Nachdenken ins
Handeln, vom Zweifel in den Tag) – sage dir bewusst:
„Ich nehme meine Klarheit mit durch diese Tür."
„Ich trage meine Entscheidung in den nächsten Raum."
„Ich trete ein mit Fokus, Liebe, Haltung."
Du kannst auch die Hand kurz auf den Türrahmen legen, um
es körperlich zu verankern. Oder ein inneres Symbol setzen:
ein tiefes Atmen, ein kurzes Schließen der Augen, ein
Lächeln. So wird der Raumwechsel nicht zum
Gedächtnisbruch – sondern zu einem Ankerpunkt für deine
neue Identität.

Tag 56 – Deine nächste Identität
Wie du aufhörst, dich zu verbessern – und beginnst, dich zu
entfalten.
*„Du bist nicht hier, um jemand Neues zu werden. Du bist hier,
um dich an das zu erinnern, was du längst bist."*

Neuro-Hack / Gedankenmatrix-Fact
Identität ist kein festes Konstrukt – sondern ein dynamisches
neuronales Muster, gespeist aus Erinnerungen, Selbst-
gesprächen und Erfahrungen.
Neurowissenschaftlich betrachtet:
Du kannst durch gezielte Wiederholung + emotionale
Imagination dein Selbstbild neu gestalten – und damit die
Filter deines Erlebens verschieben.
➤ Die Frage ist nicht: Wer bin ich?
Sondern: Wem gebe ich heute Energie – dem alten oder dem
neuen Ich?

Deine Identität ist kein Zustand.
Sie ist ein Prozess in Bewegung. Vielleicht dachtest du lange:
- „Ich muss mich verbessern."
- „Ich bin einfach so."
- „Ich bin nicht der Typ dafür."

Doch heute verstehst du: Du bist nicht hier, um dich zu optimieren – sondern um dich zu entfalten. Die nächste Version deines Selbst ist kein Ziel. Sie ist ein Raum, den du betrittst, indem du entscheidest, wie du dich jetzt erleben willst. Und ja, das braucht Wiederholung. Manchmal auch Mut, Disziplin, Milde. Doch in Wahrheit braucht es nur die Erlaubnis, das alte Selbst nicht mehr als Wahrheit zu behandeln.
Heute gibst du diesem nächsten Ich Futter, Fokus und Form.

Code Breaker-Übung – Die Identitätsbrücke
Teil 1 – Wer bin ich nicht mehr?
- Schreib einen Satz, den du über dich geglaubt hast, der heute nicht mehr passt.

„Ich bin immer unsicher…"
„Ich ziehe eh immer die falschen Menschen an…"
„Ich halte nie lange durch…"

Teil 2 – Wer will jetzt Form annehmen?
- Schreib das neue Selbstbild in der Gegenwart, so, als wärst du bereits in diesem Modus:

„Ich wirke klar, fühle stark und wähle bewusst."
„Ich zeige mich – echt, warm und präsent."

- Was ist eine Handlung, die heute zu dieser Identität passt?

„Mein nächstes Ich würde jetzt…" (z. B. eine Nachricht senden, sich ausruhen, einen Schritt wagen, etwas abschließen)

Tue es – nicht zur Veränderung, sondern zur Bestätigung:
„Ich bin bereits im nächsten Raum."

Gedankenmatrix Decoder & Reflexion

- Welche Gedanken oder Sätze halte ich aufrecht – obwohl sie längst nicht mehr meine Wahrheit sind?
- Wie fühlt sich mein „neues Ich" an – nicht in der Zukunft, sondern jetzt?
- Heute habe ich nicht nach Veränderung gesucht. Ich habe mein neues Selbst gelebt.
- Identität ist keine Rolle. Sie ist die Geschichte, die du dir erlaubst, über dich zu erzählen.

Abschlussgedanke:

Du musst dich nicht neu erfinden. Du darfst dich neu erkennen – und dich dann Schritt für Schritt so erleben.

Deep Dive #2 – Divergentes Denken

Wie du deinem Gehirn wieder kreatives Denken erlaubst.

Was ist divergentes Denken?

Divergentes Denken ist die Fähigkeit, auf eine Frage nicht nur eine, sondern viele unterschiedliche Antworten zu finden.

Es ist die Kunst, in Möglichkeiten zu denken, nicht nur in Lösungen.

Nicht: Was ist richtig?

Sondern: Was ist sonst noch möglich?

Was passiert im Gehirn?

Divergentes Denken aktiviert andere Hirnnetzwerke als logisches, „konvergentes" Problemlösen:

- 🍷 präfrontaler Cortex (für Ideenflexibilität)
- 🍷 Temporallappen (für Bedeutungsverknüpfungen)
- 🍷 Assoziationskortex (für Mustererweiterung)

Doch:

Im Dauerstress, in Routinen, im Autopilotmodus verengt sich der Denkradius. Das Gehirn greift dann bevorzugt auf bekannte Muster zurück.

➤ Und verliert die Fähigkeit zu überraschen – dich selbst eingeschlossen.

Warum wir verlernen, divergenter zu denken

- ✖ Zu viel Bewertung („Das ist Quatsch")
- ✖ Angst, Fehler zu machen
- ✖ Zu schnelle Lösungssuche
- ✖ Konditionierung auf „richtig vs. falsch"

Dabei entstehen die stärksten Shifts in Momenten, in denen du dich nicht fragst, was stimmt – sondern was sonst noch denkbar ist.

Anwendung im Alltag: Denk dich freier

Stell neue Fragen:

- Nicht: Wie löse ich das?

➤Sondern: Was, wenn ich gar nicht müsste…?

- Oder: Was würde mein inneres Kind sagen? Mein 90-jähriges Ich? Mein Zukunfts-Ich?

Gehe ins Unlogische – für 3 Minuten:

Was wäre die verrückteste, charmanteste, unmöglichste Lösung?

Lass Raum für Antwortpause. Viele Ideen entstehen nicht beim Denken, sondern dazwischen.

Mini-Reflexion
- Wann hast du das letzte Mal frei gedacht – ohne Ziel, ohne Nutzen, ohne Bewertung?
- In welchem Lebensbereich könnte mehr kreatives Chaos gerade genau das Richtige sein?
- Welche Antwort würdest du bekommen,
- wenn du eine ganz andere Frage stellen würdest?

Reminder-Satz zum Mitnehmen:
Ich denke nicht in Grenzen. Ich denke in Richtungen, die noch keiner gegangen ist – auch ich nicht.

Tag 57 – Der Ausstieg aus dem Autopiloten
Wie du dich aus deiner innerer Wiederholung befreist und dein Denken neu steuerst.
„Nicht die Umstände wiederholen sich – sondern deine Reaktionen darauf."

Neuro-Hack / Gedankenmatrix-Fact
Das sogenannte Default Mode Network (DMN) ist ein Gehirnnetzwerk, das aktiv ist, wenn du nicht bewusst steuerst, sondern in Gedanken, Erinnerungen oder Routinen „schwimmst".
Das DMN ist wichtig für Reflexion – aber: Es ist auch die Basis für Autopilot, Grübeln und Selbstkritik. Wenn du nicht bewusst aussteigst, bleibt dein Leben eine Wiederholung deiner inneren Muster.

Du kannst den Kurs wechseln.
Aber nur, wenn du das Steuer in die Hand nimmst. Das meiste, was wir tun, ist nicht bewusst gewählt – sondern gewohnt.
- 80–90 % deiner Gedanken heute sind Wiederholungen von gestern
- Entscheidungen entstehen oft reflexhaft
- dein Verhalten läuft über gespeicherte Bahnen

Der Autopilot war mal hilfreich – aber er kennt nur deine Vergangenheit. Heute geht es darum, das Steuer zurückzunehmen. Nicht als Kampf - sondern als Einladung:
Ich bin wieder da. In mir. Bei mir. Jetzt.

Code Breaker-Übung – Autopilot erkennen & stoppen

Teil 1 – Deine persönliche Schleife

- Wo in deinem Leben reagierst du immer gleich, obwohl du es längst anders willst? (z. B. bei Kritik, Stress, in Beziehungen, im Umgang mit dir selbst)

Teil 2 – Das bewusste Aussteigen

- Wie könntest du heute eine andere Antwort wählen? Nicht perfekt – aber neu? (z. B. atmen statt urteilen, fragen statt bewerten, schweigen statt rechtfertigen)

Teil 3 – Dein Präsenz-Moment

- Wähle einen Mini-Moment im Alltag, in dem du bewusst innehältst. Mach es zu deinem Stoppschild.

„Hier steige ich aus der Schleife aus. Ich bin wach."

Gedankenmatrix Decoder & Reflexion

- Was war heute meine stärkste Schleife – und wie fühlte es sich an, sie zu unterbrechen?
- Welche Momente meines Tages waren echt – weil ich bewusst anwesend war?
- Heute habe ich mich nicht neu erfunden. Ich habe mich neu verbunden – mit dem Moment.
- Autopilot ist bequem. Aber Bewusstheit führt mich wirklich weiter.

Abschlussgedanke:
Du bist nicht deine Muster. Du bist die Kraft, die sich
entscheidet, neue Wege zu wählen.

Deep Dive #3 – Veränderung braucht Störung
Warum dein Gehirn vor dem Neuen zurückzuckt – und du
trotzdem weitergehst.
**Warum fühlt sich Veränderung manchmal wie ein Fehler
an?**
Du willst etwas anders machen. Neu denken. Anders handeln.
Und plötzlich: Zweifel. Körperliches Unwohlsein.
 Gedanken wie:
- „Irgendwie ist das komisch…"
- „Vielleicht war das doch falsch…"

Das ist kein Zeichen von Scheitern. Das ist dein Gehirn, das
auf Störung reagiert.

Was passiert neurologisch?
Veränderung stört Gewohnheit – und das Gehirn liebt
Energieeffizienz & Vorhersagbarkeit.
Neue Wege bedeuten:
- höheren Energieaufwand
- unsichere Belohnung
- fehlende Automatismen

Deshalb sendet die Amygdala ein Signal: „Achtung – das fühlt
sich fremd an. Bleib lieber im Bekannten."
Doch genau diese Störung ist das Tor zu Wachstum.
Der Shift: Störung ≠ Gefahr
Störung = Öffnung für neue Verknüpfungen
In der Neuroplastizität gilt:
Ohne Irritation – keine Neuausrichtung.
Ohne Störung – keine neuronale Umstrukturierung.
➤ Veränderung fühlt sich zuerst wie Kontrollverlust an – aber
sie ist der Beginn neuer Ordnung.

Wie du damit umgehen kannst
- Erwarte das Unwohlsein – und begrüße es.
➤ „Ah, mein Gehirn meldet sich – es wird neu verdrahtet."
- Nenn es nicht „Rückschritt".
➤ Es ist der Übergang, nicht Rückfall.
- Feiere den Moment, in dem du zögerst.
➤ Denn genau dort wächst deine neue Identität.

Reflexion
- Wo habe ich zuletzt etwas verändert – und mein System hat rebelliert?
- Wie kann ich mich selbst beruhigen, ohne den neuen Weg wieder zu verlassen?
- Was ist meine innere Erinnerung daran, warum ich losgegangen bin?

Reminder-Satz zum Mitnehmen:
„Veränderung wirkt ungewohnt – weil du dich gerade vom Alten befreist. Und genau darin liegt deine Kraft."

Tag 58 – Mut zur Lücke
Warum Nicht-Wissen dein Durchbruch sein kann.
„In dem Moment, in dem du aufhörst, alles verstehen zu müssen, beginnt das Leben, sich neu zu entfalten."

Neuro-Hack / Gedankenmatrix-Fact
Das Gehirn liebt Muster, Antworten und Logik – aber seine größte kreative Fähigkeit entsteht im Zustand der Unsicherheit.
Studien zur Ambiguitätstoleranz zeigen: Menschen, die bewusst mit dem „Nicht-Wissen" leben können, zeigen höhere emotionale Resilienz, Problemlösungsfähigkeit und Kreativität.
➤ Der Mut zur Lücke aktiviert neuronale Offenheit, weil keine fertige Lösung den Denkraum verengt.

Die Lücke ist kein Defizit.

Sie ist der Raum für das Neue. Vielleicht wurdest du geprägt
von:

- „Du musst es wissen."
- „Klare Antworten zählen."
- „Wer fragt, zeigt Schwäche."

Doch heute begreifst du: Die Lücke, das Nicht-Wissen, das
„Noch nicht" – sind keine Leere. Sie sind unberührtes kreatives
Land.
In der Lücke…

- entstehen deine originellsten Gedanken
- können sich neue Lösungen zeigen
- formt sich deine Intuition

Und ja: Die Lücke fühlt sich manchmal an wie ein Sprung ohne
Netz. Doch genau dort dehnt sich deine geistige Haut – hin zu
einer Wahrheit, die nicht aus Erklärungen besteht, sondern
aus Erleben. Heute darfst du innehalten – und sagen:
„Ich lasse es offen. Und genau darin liegt meine Kraft."

Code Breaker-Übung – Deine Erlaubnis zur Lücke
Teil 1 – Was will ich heute nicht klären?

- Welche Frage, Entscheidung oder Unsicherheit versucht
  dein Verstand seit Tagen zu kontrollieren?

Teil 2 – Der bewusste Raum

- Wie könntest du dieser „Lücke" heute einfach Raum
  geben? Ohne Urteil, ohne Druck, ohne Lösung? (z. B. ein
  Spaziergang, schreiben ohne Ziel, schweigen, bewusst
  nichts tun)

„Ich darf noch nicht wissen – weil ich dem Leben die Chance gebe, mich zu überraschen."
Oder:
„Ich wähle die Lücke – sie ist mein Zugang zu etwa Größerem."

Gedankenmatrix Decoder & Reflexion

- Wo versuche ich, Kontrolle zu behalten – und verliere dabei die Verbindung zu mir selbst?
- Wie fühlt es sich an, das Nicht-Wissen heute nicht zu bekämpfen – sondern zu ehren?
- Heute habe ich keine Antwort gefunden. Ich habe Raum gemacht.
- Nicht jede Lücke muss geschlossen werden. Manche wollen erlebt werden.

Abschlussgedanke (in deiner neuen Sprachlogik):
Ich brauche noch nicht alles wissen. Denn mein Weg entfaltet sich auch dann, wenn ich nur den nächsten Schritt sehe.

Tag 59 – Der Wendepunkt

Warum Wiederholung keine Schwäche ist – sondern Entscheidung zur Tiefe.
„Was du wiederholst, wird nicht weniger kraftvoll. Es wird tiefer. Wahrer. Klarer."

Neuro-Hack / Gedankenmatrix-Fact

Dein Gehirn bildet keine stabilen neuronalen Muster durch einmaliges Verstehen – sondern durch regelmäßige, emotional geladene Wiederholung (Stichwort: Langzeit-potenzierung). Das bedeutet: Wenn sich ein Thema wiederholt – emotional, geistig oder im Außen – kann das ein Zeichen dafür sein, dass du nicht zurückfällst, sondern tiefer eintauchst.

Deine Wiederholung ist deine Vertiefung.

Vielleicht sagst du dir:

- „Schon wieder dieses Thema…"
- „Warum passiert mir das nochmal?"
- „Ich dachte, ich hätte das längst überwunden…"

Doch vielleicht ist das gar kein Rückfall. Vielleicht ist es ein zweiter Blick. Ein neuer Blick auf etwas, das du nun tiefer verstehen kannst. Denn du bist nicht mehr dieselbe Person wie beim letzten Mal. Du fühlst anders. Du erkennst mehr. Du bist gewachsen – und deshalb siehst du auch dieselbe Situation aus einer höheren Perspektive. Wiederholung ist kein Zeichen von Schwäche. Sie ist deine Entscheidung, nicht oberflächlich zu leben. Heute würdigst du die Kreise, weil du spürst, dass sie keine Sackgassen sind, sondern Spiralen.

Code Breaker-Übung – Tiefer statt zurück

Teil 1 – Was kehrt immer wieder?

- Gibt es ein Thema, Gefühl oder Muster, das dich scheinbar „verfolgt"?

Teil 2 – Was erkennst du diesmal neu?

- Welcher Gedanke, welche Haltung oder welche Reaktion zeigt dir: „Ich bin weiter als beim letzten Mal."

Teil 3 – Deine Tiefe-Entscheidung

- Schreib einen Satz, der dich daran erinnert, dass du nicht zurückfällst – sondern zurückkommst, um tiefer zu gehen.

„Ich wähle Tiefe – weil ich mich selbst ganz erfahren will."

„Ich erkenne meine Schleife – und gehe bewusster hindurch."

Gedankenmatrix Decoder & Reflexion
- Was habe ich heute tiefer erkannt – obwohl es mir bereits bekannt vorkam?
- Welche Energie entsteht in mir, wenn ich meine Wiederholung nicht bewerte, sondern würdige?
- Heute habe ich nicht gedacht: "Das kenne ich schon". Ich habe gespürt: "Jetzt erkenne ich es neu".
- Meine Kreise sind kein Umweg. Sie sind mein Weg mit Tiefe.

Abschlussgedanke:

Ich entscheide mich für Tiefe – weil mein Wachstum nicht oberflächlich verläuft, sondern bewusst, kraftvoll und voller innerer Wiederholung.

Deep Dive #4 – Das Default Mode Network (DMN)

Warum deine Gedanken sich wiederholen – wenn du sie nicht bewusst wählst.

Was ist das Default Mode Network?

Das DMN ist ein Netzwerk aus mehreren Hirnarealen, das dann aktiv ist, wenn du nicht fokussiert arbeitest, sondern:
- in Gedanken abschweifst
- reflektierst
- über dich selbst oder andere nachdenkst
- in Erinnerungen oder Zukunftsprojektionen gleitest

Klingt harmlos? Ist aber auch das Netzwerk, das für Grübelei, Selbstkritik und mentale Schleifen verantwortlich ist – vor allem, wenn es ungezielt abläuft.

Was macht das DMN mit deinem Alltag?
Wenn du z. B.:
- aufstehst und „automatisch" dein Handy greifst
- an dir zweifelst, ohne dass etwas passiert ist
- dich in Endlos-Gedanken über das Was-wäre-wenn verlierst

➤ Dann bist du nicht bewusst da – sondern im Autopiloten des DMN.

Und was kannst du tun?
Du musst es nicht ausschalten – doch du kannst aktiv eingreifen und es bewusst steuern.
Was dein DMN beruhigt:
- Achtsamkeit (z. B. Meditation, bewusste Atmung)
- kreative Zustände ohne Bewertung
- Bewegung im Freien
- echte Präsenz im Hier & Jetzt
- neue, bewusste Gewohnheiten

➤ Wenn du präsent wirst, wird das DMN leiser. Und du wirst klarer.

Reflexion
- Wo merke ich, dass mein Denken „in sich selbst" kreist, ohne dass es mir weiterhilft?
- Welche neue Routine möchte ich einführen, um mein Bewusstsein wieder auf Empfang statt auf Replay zu stellen?
- Was verändert sich in meinem Fühlen, wenn ich heute bewusst entscheide: „Ich bin wach."

Reminder-Satz:
Ich bin bewusst da – und wähle heute meinen inneren Sender neu.

Tag 60 – Das Innehalten vor dem Finale

Wie du in der Ruhe deine größte Kraft findest.

„Ruhe ist kein Stillstand. Sie ist der Raum, in dem Kraft sich sammelt."

Neuro-Hack / Gedankenmatrix-Fact

Studien zur mentalen Integration (z. B. via fMRT-Analysen) zeigen: Unser Gehirn braucht Ruhephasen, um neue Informationen langfristig zu speichern, zu bewerten und in Identität umzuwandeln.

In der Stille ordnet sich dein System neu. Die stärksten neuronalen Verbindungen entstehen nicht beim Tun, sondern in der Integration danach.

Kraft entsteht nicht nur in der Aktion.

Sie wächst im Raum dazwischen. Du hast 60 Tage lang geschrieben, gefühlt, erkannt, losgelassen. Und heute geht es nicht um Neues. Heute geht es um Nähren. Halten. Zulassen. Denn jeder Wandel, jede Transformation braucht nicht nur Energie – sie braucht auch Stille, Weite und ein inneres Wiederankommen. Wer immer nur nach vorne drückt, verpasst den Moment, in dem die größte Kraft sich zeigt:

Wenn du präsent bist – und alles da sein darf. Heute tust du nichts zusätzlich – du tust weniger, aber bewusster.

Und genau darin liegt die Vollendung des bisherigen Weges.

Code Breaker-Übung – Der Raum zwischen den Schritten

Teil 1 – Was darf heute einfach ruhen?

- Welcher Gedanke, welches Ziel, welches "Ich müsste…" bekommt heute einen bewussten Atemraum?

Teil 2 – Wie fühlt sich Innehalten an?
- Setz dich für 3 Minuten still hin. Keine Musik. Kein Input. Spür deinen Körper. Deine Atmung. Deine Energie.
- Was meldet sich in dir – wenn du nichts machst?

Teil 3 – Dein Satz für Präsenz
„Ich bin da – und das reicht heute vollkommen."
„In der Stille wächst meine Klarheit."

Gedankenmatrix Decoder & Reflexion
- Was zeigt sich in mir, wenn ich mich nicht mehr anstrenge – sondern erlaube?
- Welche neue Kraft erkenne ich in mir, wenn ich loslasse, statt zu kontrollieren?
- Heute habe ich nicht pausiert. Ich habe Raum gemacht für Integration.
- Stille ist nicht Leere. Sie ist der Nährboden für alles, was in mir wachsen will.

Abschlussgedanke:
In der Ruhe finde ich die Form, die mir entspricht. Ich bin bereit – getragen, gesammelt, gestärkt.

Tag 61 – Jetzt beginnt das letzte Drittel
Was du bist, darf sich zeigen.
„Transformation ist nicht, etwas zu werden. Es ist das Fallenlassen von dem, was du nie warst."

Neuro-Hack / Gedankenmatrix-Fact
Sichtbarkeit und Identitätsausdruck aktivieren das sogenannte Belohnungssystem im Gehirn (v. a. das Striatum). Wenn du authentisch du selbst bist, schüttet dein Körper mehr Dopamin aus – weil Authentizität neurobiologisch mit Sicherheit und Stimmigkeit verknüpft ist.

Das bedeutet:
Je mehr du in Resonanz mit deinem wahren Selbst handelst,
desto stabiler und zufriedener fühlt sich dein System – innen
wie außen.

Du musst dich nicht mehr anpassen.
Du darfst dich entfalten. Vielleicht hast du lange gefragt:
- Wie soll ich sein?
- Wie komme ich an?
- Wie bleibe ich sicher?

Doch heute erkennst du: Du bist bereit, du selbst zu sein -
nicht angepasst, sondern echt. In den letzten 60 Tagen hast
du innere Räume geöffnet. Altes erkannt, Neues eingeladen.
Heute beginnt das Kapitel, in dem du sichtbar wirst. Nicht laut,
nicht perfekt. Sondern verbunden mit deinem inneren
Kompass. Du trittst hervor. Nicht aus dem Ego – sondern aus
der Wahrheit. Und das verändert alles:
- Wie du sprichst
- Wie du wählst
- Wie du fühlst
- Und wie das Leben auf dich reagiert

Denn Sichtbarkeit ist nicht nur Präsenz im Außen – sie ist das
Erlauben deiner inneren Strahlkraft.

Code Breaker-Übung – Deine Sichtbarkeitsbrücke
Teil 1 – Was habe ich bisher zurückgehalten?
- Gibt es Anteile, Gedanken, Ideen oder Träume, die du
  bisher lieber versteckt hast?

Teil 2 – Was darf heute sichtbar werden?
- Was willst du nicht mehr klein halten, leise denken, unterdrücken?

„Ich bin … und ich zeige es jetzt."

Teil 3 – Die erste Geste der Verkörperung
- Welche Mini-Handlung kannst du heute setzen, um dich bewusst zu zeigen? (z. B. ein Gespräch führen, etwas teilen, mutig etwas anziehen, dich klar positionieren)

Gedankenmatrix Decoder & Reflexion
- Was in mir durfte heute aus dem Schatten ins Licht treten?
- Wie fühlt sich Sichtbarkeit an – wenn sie aus Wahrheit kommt, nicht aus Strategie?
- Heute habe ich mich nicht präsentiert. Ich habe mich gezeigt – so, wie ich bin.
- Wenn ich mich erlaube, erkennt mich das Leben.

Abschlussgedanke:
Ich bin sichtbar – weil ich bereit bin, mir selbst zu entsprechen.

Tag 62 – Der Mut, weich zu bleiben
Warum dein wahres Selbst keine Rüstung braucht.
„Manche nennen es Schwäche. Doch es ist die Weichheit, durch die das Licht überhaupt erst eindringen kann."

Neuro-Hack / Gedankenmatrix-Fact
Emotionale Offenheit aktiviert das ventrale vagale System, einen Teil des parasympathischen Nervensystems.
Wenn du weich bleibst – statt dich zu verteidigen – sendet dein Nervensystem Signale von Sicherheit, Verbindung und Echtheit.

➤ So entsteht Vertrauen – in dich, in andere, ins Leben.
➤ Weichheit ist kein Risiko, sondern ein Bindungssignal.
Und Bindung bedeutet: Wachstum.

Du brauchst keine Rüstung, um dich zu schützen.
Du brauchst Verbindung, um dich zu halten. Vielleicht hat dir
das Leben beigebracht:

- „Mach dich nicht angreifbar."
- „Zeig keine Schwäche."
- „Wer weich ist, wird verletzt."

Und vielleicht hast du dich oft härter gemacht, als du bist.
Kontrollierter. Angepasster. Distanziert. Doch darunter – warst
du immer weich. Fühlend. Echt. Und genau da beginnt heute
deine Freiheit. Weich zu sein, bedeutet nicht, wehrlos zu sein.
Es bedeutet: offen zu bleiben – in einer Welt voller Panzer.
Denn nur wenn du weich bleibst…

- spürst du, was wirklich wahr ist
- kannst du resonieren, statt nur reagieren
- darfst du deine Emotionen nicht kontrollieren, sondern
  durchfließen lassen

Heute lässt du den Panzer bewusst liegen. Nicht, weil du dich
aufgibst – sondern weil du ganz da bist.

Code Breaker-Übung – Die Rückkehr zur Weichheit
Teil 1 – Wo bin ich hart geworden?

- Wo im Leben (und im Körper) spürst du Anspannung,
  Schutzmechanismus, emotionale Rüstung?

Teil 2 – Wo darf es heute weich werden?

- Was in dir will heute gefühlt – nicht analysiert werden? Wo
  dürfen Tränen, Erleichterung, Wärme durch?

Teil 3 – Deine Geste der Sanftheit
- Wähle heute bewusst eine Handlung, die weich macht: Atme langsamer, Umarme dich selbst, Sag etwas aus deinem Herzen
- Halte inne – ohne Erklärung

„Ich bin weich. Und das ist meine wahre Kraft."

Gedankenmatrix Decoder & Reflexion
- Was hat mich bisher glauben lassen, dass ich härter sein muss, um sicher zu sein?
- Wie fühlt es sich an, wenn ich meine Weichheit nicht zurückhalte – sondern willkommen heiße?
- Heute habe ich mich nicht geschützt. Ich habe mich gezeigt – in meiner verletzlichen Kraft.
- Weichheit ist nicht mein Risiko. Sie ist mein größtes Geschenk.

Abschlussgedanke:
Ich bin weich – weil ich mir selbst genug bin, um offen zu bleiben.

Tag 63 – Der innere Rhythmus
Wie du im Einklang mit dir selbst fließt, statt dich zu zwingen.
„Wenn du deinen inneren Rhythmus wieder spürst, hörst du auf, dich ständig überholen zu wollen."

Neuro-Hack / Gedankenmatrix-Fact
Dein Nervensystem reguliert sich über Rhythmen – Atmung, Herzschlag, Schlaf, Bewegung. Wenn du gegen deinen natürlichen Rhythmus lebst, entsteht Stress – auf biochemischer, emotionaler und kognitiver Ebene.

Untersuchungen aus der Chronobiologie zeigen: Wer im Einklang mit seinem körpereigenen Takt lebt, ist leistungsfähiger, ausgeglichener und emotional stabiler.

➤ Der Körper sendet dir ständig Takt-Signale. Du musst sie nur wieder lesen lernen.

Du musst nicht schneller sein.

Du darfst dich wieder spüren. Die Welt da draußen pulsiert schnell. Sie will Effizienz, Ergebnisse, Leistung.

Und du? Vielleicht hast du oft versucht mitzuhalten, dich angepasst, durchgezogen, ignoriert, was dein System dir sagen wollte. Doch dein echtes Selbst lebt nicht im Tempo der Anderen. Es lebt in deinem eigenen Rhythmus.

Und dieser Rhythmus kennt…

- deine Zyklen
- deine Tiefe
- deine Kreativzeiten
- deine Rückzugsphasen

Heute verbindest du dich neu mit diesem Takt. Nicht weil du aufgeben willst – sondern weil du aus deinem natürlichen Fluss schöpfen willst.

Code Breaker-Übung – Dein Rhythmus-Reset

Teil 1 – Wo zwinge ich mich?

- In welchem Lebensbereich funktionierst du „gegen dich selbst"? (z. B. Schlafrhythmus, Arbeitstempo, Pausenverhalten, Kommunikation)

Teil 2 – Was wäre mein natürlicher Takt?

- Wenn niemand etwas erwarten würde – wie würde sich dein idealer Tagesrhythmus anfühlen? (z. B. früher schlafen, später starten, mehr langsame Übergänge)

Teil 3 – Deine Geste für heute
- Was kannst du heute ganz konkret tun, um deinem inneren Rhythmus zu folgen? (z. B. 20 Minuten bewusst langsamer gehen, Handy aus in der Mittagspause, keine To-do nach 18 Uhr)

„Ich fließe heute in meinem Takt – und vertraue, dass mein System genau weiß, was es braucht."

Gedankenmatrix Decoder & Reflexion
- Was habe ich bisher ignoriert – weil ich dachte, ich „müsste funktionieren"?
- Wie fühlt es sich an, in meinem Tempo zu gehen – ohne Schuldgefühl?
- Heute habe ich mich nicht getrieben. Ich habe meinem natürlichen Takt vertraut.
- Mein Rhythmus ist mein inneres Navigationssystem. Und ich darf ihm wieder folgen.

Abschlussgedanke:
Ich wähle meinen Takt – weil mein Leben im Fluss entsteht, nicht im Sprint.

Tag 64 – Wenn Heilung plötzlich spürbar wird
Wie du erkennst, dass du längst auf dem Weg bist.
„Heilung fühlt sich nicht immer wie ein Moment an. Manchmal fühlt sie sich wie das erste Lächeln nach einer langen Stille an."

Neuro-Hack / Gedankenmatrix-Fact
Emotionale Heilung zeigt sich nicht primär im Denken – sondern im veränderten Fühlen und Verhalten in identischen Situationen.

Studien zur emotionalen Neuroplastizität zeigen:
Du erkennst Fortschritt nicht daran, dass das Alte „weg" ist –
sondern daran, dass du anders darauf reagierst.
➤ Heilung heißt nicht: „Es ist nie wieder da."
Sondern: „Ich bin nicht mehr dieselbe Person, die es erlebt
hat."

Heilung ist kein Blitz.
Sie ist eine Veränderung in deinem inneren Licht. Vielleicht
wartest du auf diesen einen Moment:
- die große Klarheit
- den Tag, an dem du „fertig" bist
- das Gefühl, dass es endlich weg ist

Aber was, wenn Heilung nicht laut kommt, sondern sanft?
Was, wenn du es heute schon gespürt hast…
- als du anders reagiert hast
- als du nachsichtiger warst – mit dir
- als du nichts tun musstest, um dich okay zu fühlen

Heilung ist, wenn du nicht mehr gegen dich kämpfst. Wenn du
atmest – und es reicht. Wenn du bist – ohne dich zu
rechtfertigen.
Heute darfst du erkennen, dass du nicht am Anfang, sondern
mitten im Wandel bist.

4. Code Breaker-Übung – Spuren der Heilung
Teil 1 – Wo bin ich schon weiter als ich dachte?
- Denk an eine Situation, die früher emotional aufgeladen
  war. Wie hast du kürzlich anders reagiert? (z. B. keine
  Rechtfertigung, mehr Ruhe, echte Grenze, neue
  Weichheit)

Teil 2 – Was fühlt sich heute leichter an?
- Welche Themen, Gefühle oder Gedanken wiegen nicht mehr so schwer?

Teil 3 – Deine Anerkennung für dich
- Schreib dir selbst einen kurzen Satz der Wertschätzung:

„Ich erkenne, wie weit ich gekommen bin – auch wenn es nicht laut war."

Gedankenmatrix Decoder & Reflexion
- Was bedeutet Heilung für mich – jenseits von „wegmachen"?
- Welche kleinen Reaktionen von mir waren heute ein Zeichen, dass ich bereits gewachsen bin?
- Heute habe ich mich nicht auf Heilung vorbereitet. Ich habe gespürt: Ich bin längst mittendrin.
- Heilung ist keine Ausnahme. Sie ist mein neuer Zustand.

Abschlussgedanke:
Ich bin auf dem Weg – und jeder Atemzug erinnert mich daran, dass ich ihn längst gehe.

Tag 65 – Was bleibt, wenn du aufhörst, dich zu hinterfragen?
Wie du dein Selbstvertrauen nicht aufbaust, sondern freilegst.
„Selbstvertrauen entsteht nicht durch Antworten. Es entsteht in dem Moment, in dem du aufhörst, dich ständig zu bezweifeln."

Neuro-Hack / Gedankenmatrix-Fact
Wiederholtes Selbsthinterfragen aktiviert das sogenannte
Salienz-Netzwerk, welches emotionale Bedeutung bewertet –
und häufig Gefahr statt Möglichkeit betont.
Je öfter du dich innerlich bewertest, desto stärker verankerst
du neuronale Schleifen von Unsicherheit.
➤ Doch: Sobald du dich selbst nicht mehr permanent „prüfst",
beginnt dein System, dir zu vertrauen.
➤ Selbstvertrauen ist kein Wissen – es ist die Abwesenheit
von innerem Widerstand.

Selbstvertrauen entsteht im Raum, den du dir selbst gibst.
Du wurdest vielleicht geprägt von:
- „Denk erst, dann sprich."
- „Bist du sicher, dass du das kannst?"
- „Lieber nochmal prüfen."

Und so hast du gelernt, dich selbst zu bremsen, noch bevor du
überhaupt losgegangen bist. Doch was, wenn genau dieses
Hinterfragen das Einzige ist, was dich von dir selbst trennt?
Was, wenn die Version von dir, die klar, frei, echt und mutig ist
– nicht gebaut werden muss, sondern einfach nicht länger
blockiert werden darf? Heute darfst du aufhören, dich ständig
innerlich zu „checken". Du darfst handeln, sprechen, denken –
aus deinem natürlichen Impuls heraus. Nicht weil du „fertig"
bist. Sondern weil du dir vertraust.

**Code Breaker-Übung – Der Stopp des inneren
Prüfmechanismus**
Teil 1 – Wann halte ich mich zurück?
- In welchen Situationen fragst du dich innerlich sofort:
„War das richtig?" / „Bin ich gut genug?" / „Darf ich das?"

Teil 2 – Was wäre, wenn du es einfach lässt?
- Wie würde sich dein Tag verändern, wenn du heute nicht auf diese Fragen reagierst?
- Was würdest du tun, sagen, erlauben?

Teil 3 – Dein Selbstvertrauenssatz
- Formuliere deinen heutigen Reminder: „Ich darf sein, handeln und denken – ohne mich ständig zu prüfen."

Oder:

„Ich bin mein eigener Vertrauensraum."

Gedankenmatrix Decoder & Reflexion
- Wie oft habe ich mein inneres Leuchten gedimmt – nur weil ich es „nochmal überdenken" wollte?
- Wie fühlt sich dieser Tag an – ohne inneres Korrigieren?
- Heute habe ich mich nicht hinterfragt. Ich habe mich gespürt.
- Mein Vertrauen in mich entsteht dort, wo ich mich selbst nicht mehr ständig infrage stelle.

Abschlussgedanke:
Ich bin sicher in mir – weil ich mich selbst nicht mehr überholen muss, um mich zu glauben.

Tag 66 – Der Rückblick aus der Seele
Wie du dich selbst neu erinnerst, statt dich zu verbessern.
„Heilung ist nicht, wer du wirst. Heilung ist, wer du nie aufgehört hast zu sein."

Neuro-Hack / Gedankenmatrix-Fact
Dein Selbstbild entsteht aus Erinnerungen, Bewertungen und inneren Wiederholungen. Doch das Gehirn ist plastisch – es kann alte Selbstbilder überschreiben.

Wenn du dich bewusst an Ressourcen, Momente von Kraft und Essenz erinnerst, aktivierst du dieselben neuronalen Netzwerke wie bei echten Erfahrungen.

➤ Dein Gehirn beginnt, ein neues Selbstgefühl zu rekonstruieren – auf Basis deiner wahren Natur.

➤ Du bist nicht deine Geschichte. Du bist das, was trotz allem geblieben ist.

Du musst dich nicht neu erfinden.

Du darfst dich neu erinnern. In dir gibt es etwas, das nie kaputt war. Nie zu laut, nie zu leise, nie zu viel, nie zu wenig. Etwas, das unter allen Schichten liegt – unter Erwartungen, Rollen, Schmerz, Anpassung. Und heute kehrst du dorthin zurück. Nicht durch Anstrengung, sondern durch die Entscheidung, dich mit neuen Augen zu sehen. Durch den Blick aus deiner Seele, nicht durch die Brille deiner Vergangenheit. Denn du warst schon mutig, bevor du das Wort Mut kanntest. Du warst schon verbunden, bevor du Spiritualität lesen konntest.

Du warst schon da – bevor dich jemand anders machen wollte. Und genau dort liegt dein neuer Anfang: In der Erinnerung an deine wahrhaftigste Version.

Code Breaker-Übung – Erinnere dich an dich

Teil 1 – Wer war ich, bevor ich dachte, ich müsste anders sein?

- Denk zurück: Wann warst du zuletzt ganz du selbst – ohne Angst, ohne Maske, ohne Müssen?

Teil 2 – Was davon ist noch da?

- Welche Aspekte dieser Version sind noch lebendig in dir, vielleicht nur leise, vielleicht verborgen? (z. B. kindliche Freude, tiefe Intuition, Klarheit, Verspieltheit, Wildheit)

- Formuliere deinen Seelen-Reminder: „Ich erinnere mich – und finde zurück zu dem, was mich ganz macht."

Oder:

„Ich bin bereits die Version, die ich immer gesucht habe."

Gedankenmatrix Decoder & Reflexion

- Welche Version von mir ist heute zurückgekehrt – nicht als Idee, sondern als echtes Gefühl?
- Wie fühlt es sich an, nicht besser werden zu müssen – sondern wieder vollständig zu sein?
- Heute habe ich mich nicht verändert. Ich habe mich erinnert.
- Mein Weg führt nicht weg von mir. Er führt mich tiefer in mein eigentliches Sein.

Abschlussgedanke:

Ich bin vollständig – weil ich mich an das erinnere, was ich nie verloren habe.

Tag 67 – Raum für Wunder

Warum du nicht mehr wissen musst, wie es geht.

„Wunder brauchen kein Konzept. Sie brauchen nur den Raum, in dem du aufhörst, dich selbst zu begrenzen."

Neuro-Hack / Gedankenmatrix-Fact

Das Gehirn arbeitet ständig auf Vorhersagebasis: Es nutzt gespeicherte Erfahrungen, um die Zukunft zu simulieren. Dieses Predictive Coding System erklärt, warum du oft nur das wahrnimmst, was du innerlich bereits erwartest – und Unerwartetes ausblendest. Aber: Wenn du diesen „Vorhersagefilter" bewusst unterbrichst, öffnet sich das System für neue Impulse, neue Bahnen, neue Realitäten.

➤ Was du als „Wunder" erlebst, ist oft deine Offenheit für etwas, das außerhalb deiner bisherigen Denkstruktur liegt.

Wunder sind kein Zufall.
Sie sind der natürliche Zustand, wenn du Kontrolle loslässt. Du wurdest vielleicht darauf trainiert:

- alles zu verstehen
- zu planen
- vorbereitet zu sein
- „logisch" zu handeln

Doch das, was du dir am meisten wünschst – tiefe Verbundenheit, kreative Durchbrüche, echte Synchronizität – entsteht nicht im Zustand des Wissens. Es entsteht im Zustand der Offenheit. Dort, wo du nicht weißt – aber vertraust. Dort, wo du nicht kontrollierst – sondern empfängst. Dort, wo du deine Filter öffnest für das, was dein Denken übersteigt. Heute brauchst du keine neue Strategie. Du brauchst Raum. Präsenz. Leere. Denn genau dort landen oft die Impulse, die dein Leben neu ausrichten – auf eine Weise, die du selbst niemals planen könntest.

Code Breaker-Übung – Raum öffnen für das Ungeplante
Teil 1 – Wo bin ich noch im Modus: „Ich muss wissen, wie es geht"?

- Welche Entscheidung, Vision oder Veränderung versuchst du zu „denken" – statt zu empfangen?

Teil 2 – Was darf ich heute nicht wissen?

- Was darf sich entwickeln, ohne dass du es vorher konstruierst? (z. B. neue Verbindungen, Projekt, Weg, Timing, kreative Eingebung)

- „Ich lasse Raum – und vertraue, dass das Leben intelligenter ist als mein Plan."

Oder:

„Ich muss nicht wissen, wie – ich öffne mich für das, was größer ist als mein Denken."

Gedankenmatrix Decoder & Reflexion

- Wo hat mich mein Bedürfnis nach Kontrolle bislang von echter Entfaltung abgehalten?
- Wie fühlt es sich an, dem Leben zuzutrauen, dass es Lösungen kennt, die ich mir noch nicht vorstellen kann?
- Heute habe ich nichts kontrolliert. Und genau deshalb bin ich dem Wunder begegnet.
- Wunder entstehen, wenn dein Verstand still wird und dein System endlich auf Empfang geht.

Abschlussgedanke:

Ich öffne mich für das, was größer ist als mein Wissen – und finde dort die Antwort, nach der ich nie gefragt habe.

Tag 68 – Die Frequenz deiner Wahrheit

Wie du spürst, was wirklich zu dir passt.
„Wahrheit hat keinen Lärm. Sie hat eine Frequenz."

Neuro-Hack / Gedankenmatrix-Fact

Deine Intuition basiert nicht auf Magie – sondern auf der Verarbeitung unbewusster Informationen im limbischen System. Studien aus der Neurointelligenz und somatischen Entscheidungsforschung (z. B. Damasio) zeigen: Dein Körper registriert stimmige und unstimmige Informationen schneller als dein Verstand.

➤ Du fühlst zuerst – und denkst danach. Wer lernt, wieder auf seine Körpersignale zu hören, entscheidet stimmiger, klarer und langfristig erfolgreicher.

Deine Wahrheit kennt keine Erklärung.
Aber sie hat ein klares Gefühl. Vielleicht hast du viele Entscheidungen im Kopf getroffen:
- Weil sie vernünftig waren
- Weil sie „gepasst haben"
- Weil sie Sicherheit versprachen

Doch heute spürst du: Deine tiefste Wahrheit ist kein Gedanke – sie ist ein körperliches Echo.
- Deine Wahrheit macht dich weich
- Sie fühlt sich rund an, selbst wenn sie Mut braucht
- Sie bringt Frieden – auch wenn sie unbequem ist

Und vor allem: Sie fühlt sich wie Du an. Heute geht es nicht darum, alles zu verstehen. Heute geht es darum, zu resonieren. Zu hören, was in dir „Ja" sagt. Und den Mut zu finden, diesem inneren Ton zu folgen.

Code Breaker-Übung – Die Resonanzprüfung
Teil 1 – Was fühlt sich nicht mehr wie du an?
- Gibt es etwas in deinem Leben, das zwar „funktioniert", aber nicht mehr mit deiner Frequenz schwingt? (z. B. Job, Rolle, Menschen, Gewohnheit, Kleidung, Sprache)

Teil 2 – Was sagt dein Körper heute?
- Denk an etwas, das du erwägst, fühlst, vor hast. Was passiert in deinem Körper, wenn du es denkst? Enge oder Weite? Druck oder Wärme? Spannung oder Weichheit?

Teil 3 – Dein Wahrheits-Ton
- Formuliere heute deinen Frequenzsatz: „Ich erlaube mir, auf das zu hören, was mich in mir selbst erklingen lässt."

Oder:

„Meine Wahrheit klingt nicht laut – aber klar."

Gedankenmatrix Decoder & Reflexion
- Welche Entscheidung war vielleicht logisch – aber nie wahr?
- Wie fühlt sich mein "Ja" an, wenn ich mich nicht überrede, sondern ehrlich hin spüre?
- Heute habe ich nicht gedacht, was richtig ist. Ich habe gefühlt, was echt ist.
- Wahrheit erklärt sich nicht. Sie vibriert.

Abschlussgedanke:
Ich folge meiner Frequenz – denn alles, was wahr ist, macht mich still und stark zugleich.

Tag 69 – Die Rückverbindung
Wie du erkennst, dass du nie wirklich verloren warst.
„Du musst nicht zurückfinden. Du darfst erkennen, dass du immer da warst – unter all den Ablenkungen."

Neuro-Hack / Gedankenmatrix-Fact
Unser Gehirn nimmt nicht objektiv wahr – es filtert täglich Millionen von Reizen über das sogenannte Retikuläre Aktivierungssystem (RAS). Das RAS entscheidet, was für dich relevant ist – basierend auf deinem Fokus, deinen inneren Überzeugungen und Zielen.

Deshalb passiert Folgendes:
Du kaufst ein rotes Auto – plötzlich siehst du überall rote
Autos. Du setzt einen neuen Fokus – und plötzlich scheint die
Welt dir Hinweise zu schicken.
Wissenschaftlich ist das keine Magie, sondern selektive
Wahrnehmung. Doch energetisch ist es deine Rückverbindung
mit dem, was du innerlich gewählt hast.

Heute geht's nicht nur ums Heimkehren in dich, sondern auch
um das, was du plötzlich siehst, weil du innerlich neu
verbunden bist.
Du schaust nicht mehr aus dem Mangel – sondern aus deinem
inneren Ankommen. Und damit veränderst du auch, was du
wahrnimmst.

Du warst nie verloren.
Du warst nur nicht auf deiner eigenen Frequenz eingestellt.
Vielleicht hast du dich lange gesucht:
- in Büchern
- in Beziehungen
- in alten Mustern
- in falschen Zielen

Und vielleicht dachtest du: „Ich bin verloren. Ich muss zurück."
Doch heute weißt du: Du warst nie weg. Du warst nur
abgelenkt – von Stimmen, Bildern, Erwartungen, die nicht aus
dir kamen. Heute darfst du zurück in dich. Nicht auf einer
gedanklichen Ebene – sondern durch die Entscheidung,
wieder in deine Aufmerksamkeit zu kommen. Du bist, worauf
du dich fokussierst. Und je klarer du innerlich wirst, desto
klarer zeigt sich dir die Welt – als Spiegel deiner
Rückverbindung.

Code Breaker-Übung – Ich stelle mich wieder auf mich ein

Teil 1 – Worauf war mein Fokus zu lange gerichtet? (z. B. auf Fehler, Angst, Erwartungen anderer, Vergleich)

Teil 2 – Was darf jetzt in mein Wahrnehmungsfeld?
- Was willst du ab heute verstärken, sehen, wahrnehmen, vermehren? (z. B. Möglichkeiten, Liebe, Lösungen, dein eigenes Wachstum)

Teil 3 – Dein Rückverbindungssatz
„Ich bin nicht verloren – ich bin jetzt wieder auf meiner inneren Frequenz.“
Oder:
„Ich wähle heute, was ich sehen will – und mein System folgt meinem Fokus.“

Gedankenmatrix Decoder & Reflexion
Was sehe ich jetzt, was ich lange übersehen habe – nur weil ich woanders hingeschaut habe?
Wie verändert sich mein Innenleben, wenn ich beginne, die Welt als Spiegel meiner Aufmerksamkeit zu verstehen?
Heute habe ich mich nicht gesucht. Ich habe mich gefunden – in meinem eigenen Fokus.
Ich sehe das, worauf ich ausgerichtet bin. Deshalb wähle ich meine Ausrichtung bewusst.

Abschlussgedanke:
Ich war nie weg – ich war nur nicht dort, wo mein Blick mich hingeführt hat. Jetzt bin ich wieder bei mir.

Tag 70 – Die Klarheit vor dem Ziel
Warum du jetzt mehr loslassen darfst, als noch tun musst.
*„Was sich wie das Ende anfühlt, ist oft der Moment, in dem du
zum ersten Mal klar genug bist, um leicht zu werden."*

Neuro-Hack / Gedankenmatrix-Fact
Im letzten Drittel einer Veränderung reagiert das Gehirn
paradoxerweise oft mit innerer Unruhe.
➤ Warum? Weil Auflösung auch Kontrollverlust bedeutet –
selbst wenn es in Richtung Freiheit geht.
Doch genau in dieser Phase entsteht neuronale Integration:
Was du zuvor getrennt erlebt hast – Erkenntnis, Gefühl,
Handlung – beginnt sich in ein neues Selbstgefühl zu
verweben.
➤ Jetzt braucht es kein weiteres Tun, sondern das
Bewusstsein, dass du bereit bist.

Klarheit fühlt sich nicht an wie To-do.
Klarheit fühlt sich an wie Frieden. Vielleicht dachtest du:
  • „Ich bin fast da – jetzt muss ich durchziehen."
  • „Nur noch zehn Tage, dann…"
  • „Jetzt darf ich nicht nachlassen."

Doch was, wenn genau jetzt der Moment ist, wo du nicht mehr
anziehst – sondern loslässt? Was, wenn die letzten 20 Tage
nicht vom „Jetzt muss ich leisten", sondern vom „Jetzt darf ich
vertrauen", getragen sind? Du bist nicht kurz vorm Ziel. Du bist
bereits in der neuen Frequenz angekommen. Jetzt geht es
nicht mehr darum, ob du es schaffst. Sondern, ob du dir
erlaubst, anzukommen – ganz.

Code Breaker-Übung – Ankommen, bevor es vorbei ist

Teil 1 – Was will ich noch kontrollieren?
- Gibt es einen Gedanken, ein Ziel, ein Gefühl, bei dem du immer noch „arbeiten" willst?

Teil 2 – Was darf heute leicht werden?
- Was kannst du loslassen – nicht, weil es dir egal ist, sondern weil du jetzt schon genug bist?

Teil 3 – Dein Klarheits-Satz
„Ich bin schon in der Energie, für die ich losgegangen bin."
Oder:
„Ich trage nicht mehr – ich werde getragen."

Gedankenmatrix Decoder & Reflexion
- Was habe ich heute nicht mehr getan – und gerade dadurch gespürt, dass ich angekommen bin?
- Wie fühlt es sich an, Klarheit nicht mehr zu erzwingen – sondern zu empfangen?
- Heute habe ich nichts erledigt. Ich habe mich erlebt.
- Ankommen ist kein Ziel. Es ist ein innerer Zustand.

Abschlussgedanke:
Ich bin bereit – nicht weil ich alles gemacht habe, sondern weil ich mich selbst nicht mehr festhalte.

FUNKEN: DU BIST SCHON DA.

(Und genau deshalb wird es jetzt leicht.)
- Du musst dich nicht mehr beweisen.
- Du musst nichts mehr erreichen, um endlich zu genügen.
- Du darfst jetzt erleben, wie es sich anfühlt, in deinem neuen Sein zu ruhen.

Deine tägliche Erinnerung:

„Ich bin nicht kurz vor dem Ziel – ich bin die neue Richtung, in die ich längst gehe."

„Ich wachse nicht mehr aus dem Mangel. Ich wachse aus Klarheit, Tiefe und Vertrauen."

„Ich bin nicht mehr die Version, die sich selbst überholt hat. Ich bin die, die sich jetzt in Ruhe entfaltet."

Anwendung:

✓ Lies diesen Funken morgens.

✓ Sprich ihn laut – mit Stimme, die du spürst.

✓ Nimm ihn mit in dein Tagwerk – nicht als Mantra, sondern als Wahrheit.

Tag 71 – Das neue Normal

Wie du das Neue stabilisierst, ohne wieder in das Alte zu rutschen.

„Was du täglich lebst, wird nicht nur zur Gewohnheit – es wird zu deiner Wahrheit."

Neuro-Hack / Gedankenmatrix-Fact

Wiederholte Gedanken und Handlungen bauen stabile neuronale Autobahnen – je öfter du etwas fühlst, denkst und tust, desto leichter greift dein Gehirn in Zukunft darauf zurück. Studien zur Hebb'schen Lernregel zeigen: „Neurons that fire together, wire together."

➤ Je öfter du deine neue Identität lebst, desto mehr wird sie zur automatisierten Realität – ohne dass du ständig daran „arbeiten" musst.

Stabilität entsteht nicht durch Festhalten.
Sie entsteht durch Wiederholung in Leichtigkeit. Vielleicht
kennst du den Moment:
- Du fühlst dich klar, verändert, frei
- Doch dann… kommt der Alltag zurück
- Und alte Muster klopfen an

Das ist kein Rückfall. Das ist eine Einladung zur Stabilisierung.
Du musst das Neue nicht „beschützen". Du darfst es leben –
so oft, bis es in dir zuhause ist. Denn jedes Mal, wenn du
deine neue Haltung wählst, formst du deine Realität. Nicht
spektakulär. Nicht aufsehenerregend. Sondern sanft, still,
nachhaltig. Heute geht es darum, deine neue Frequenz
nicht zu beweisen, sondern zu bewohnen.

Code Breaker-Übung – Das Neue normalisieren
Teil 1 – Was ist heute bereits anders?
- Welche Reaktion, Handlung, Denkweise ist jetzt schon
  „neu-normal" geworden? (z. B. Ich atme statt zu hetzen.
  Ich sage Nein ohne Schuldgefühl. Ich lache öfter.)

Teil 2 – Was will weiter wachsen?
- Welcher neue Gedanke oder Impuls darf jetzt zum
  Standard werden? (z. B. „Ich darf leicht leben", „Ich bin
  sicher in mir", „Ich darf zuerst spüren")

Teil 3 – Dein Stabilitäts-Satz
„Ich wiederhole nicht, um festzuhalten. Ich wiederhole, weil ich
mich neu erfahren will."
Oder:
„Mein neues Ich ist nicht mehr neu. Es ist jetzt mein Zuhause."

Gedankenmatrix Decoder & Reflexion
- Welche alte Routine spüre ich noch – und wie darf ich sie liebevoll ersetzen?
- Wie fühlt es sich an, wenn ich nicht mehr kämpfe – sondern einfach bleibe?
- Heute habe ich nicht verteidigt, was ich erreicht habe. Ich habe darin gewohnt.
- Stabilität ist kein Anker – sie ist der Rhythmus meines neuen Selbst.

Abschlussgedanke:
Ich muss nicht zurückfallen – wenn ich mich im Neuen lerne wohl zu fühlen.

Tag 72 – Die Schönheit der kleinen Schritte
Wie du erkennst, dass Beständigkeit die wahre Superkraft ist.
„Es sind nicht die großen Sprünge, die dich verändern – sondern die kleinen Schritte, die du bereit bist, täglich zu gehen."

Neuro-Hack / Gedankenmatrix-Fact
Die langfristige Veränderung deines Verhaltens geschieht nicht durch Motivation, sondern durch kontinuierliche neuronale Reizsetzung.
Studien aus der Verhaltensneurowissenschaft zeigen: Wiederholung + emotionale Bedeutung sind die Schlüssel zur Verankerung neuer Muster.
➤ Selbst kleinste Schritte – wenn sie regelmäßig wiederholt werden – verändern deine Gehirnstruktur messbar (Neuroplastizität). Das ist echte Superkraft.

Klein ist nicht weniger.
Klein ist kraftvoll, wenn es bleibt.

Vielleicht hast du irgendwann geglaubt:
- „Es muss groß sein, damit es wirkt."
- „Wenn es nicht sofort alles ändert, bringt es nichts."
- „Ich bin zu langsam."

Aber heute weißt du: Es sind die Mini-Entscheidungen, die du täglich triffst, die deine Identität stabilisieren.
- Jeden Morgen, an dem du bewusst atmest
- Jedes Nein, das du ehrlich sagst
- Jeder Gedanke, den du umformst

-1-

Diese „kleinen" Dinge sind keine Details. Sie sind die Bausteine deines neuen Lebensgefühls. Und je öfter du sie gehst, desto leiser wird der Zweifel – und desto klarer wird dein Selbst.

Code Breaker-Übung – Mein täglicher Mikroschritt

Teil 1 – Was war mein kleinster Schritt mit größter Wirkung?
- Ruf dir den letzten Tag oder die letzte Woche in Erinnerung: Welcher kleine Moment hat etwas in dir verändert?

Teil 2 – Was will ich heute ganz bewusst klein tun?
- Nicht alles. Nur eine Sache, die in Resonanz mit deinem neuen Selbst steht. (z. B. liebevoller Gedanke, bewusste Pause, anderes Wort, mehr trinken, weniger scrollen)

Teil 3 – Dein Kleinschritt-Satz
„Ich gehe klein – aber ich bleibe groß in meiner Richtung."
Oder:
„Meine Superkraft ist Beständigkeit – nicht Perfektion."

Gedankenmatrix Decoder & Reflexion
- Was habe ich durch kleine Schritte schon stabilisiert, ohne dass ich es lange bemerkt habe?
- Wie fühlt sich der Tag an, wenn ich nicht alles verändern muss – sondern nur konsequent Ich bin?
- Heute habe ich nicht alles geschafft. Aber ich habe den einen Schritt gemacht, der zählt.
- Beständigkeit ist mein stiller Beweis, dass ich mich selbst ernst nehme.

Abschlussgedanke:
Ich gehe kleine Schritte – aber sie führen mich zu einem Leben, das groß für mich ist.

Tag 73 – Der neue Blick auf Rückschritte
Warum du nie wirklich zurückfällst, sondern dein System sich neu justiert.
„Ein Rückfall ist kein Versagen – sondern der Beweis, dass du dein altes System gerade verlässt."

Neuro-Hack / Gedankenmatrix-Fact
Veränderungen aktivieren dein limbisches System – das Zentrum für Emotionen, Sicherheit und Überleben. Bei neuen Wegen wertet das Gehirn Unbekanntes als potenzielle Gefahr.
➤ Deshalb reagieren wir oft mit altem Verhalten – nicht, weil wir rückfällig sind, sondern weil das System sich neu orientieren muss.
➤ Rückschritte sind Integrationsmomente. Dein System lernt, auch unter Stress stabil zu bleiben.

Du gehst nicht zurück.
Du bist tiefer im Prozess, als du denkst.
Kennst du das?
- Du bist klar, fokussiert, in deinem Flow
- Und plötzlich triggert dich etwas
- Du handelst „wie früher" – und fühlst dich mies

Doch Halt: Was, wenn das kein Rückfall ist – sondern ein Wachstumszeichen? Denn heute erkennst du:
Du fällst nicht zurück. Du wächst in ein neues Selbst – und testest es unter echten Bedingungen. Alte Reaktionen sind nicht das Ende deiner Entwicklung. Sie sind ein Teil davon. Und du kannst jetzt neu antworten. Neu atmen. Neu handeln. Nicht weil du musst. Sondern weil du kannst.

Code Breaker-Übung – Mein neuer Umgang mit alten Mustern

Teil 1 – Wo habe ich mich „rückfällig" gefühlt?

- Gab es kürzlich eine Situation, wo du dich selbst beurteilt hast, weil ein altes Verhalten wieder aufkam?

Teil 2 – Was erkenne ich jetzt darin?

- Was war diesmal anders? Wie war deine Reaktion, dein Gefühl, deine Erkenntnis im Vergleich zu früher?

Teil 3 – Dein Satz zur Neuausrichtung
„Ich bin nicht zurückgefallen. Ich bin einen Kreis gegangen, um bewusster zu werden."
Oder:
„Mein System kalibriert sich – und ich bleibe in meiner Spur."

Gedankenmatrix Decoder & Reflexion
Welche alte Reaktion wurde zum Spiegel für meine neue Entscheidungskraft?
Wie fühlt sich Mitgefühl mit mir selbst an, wenn mein System nicht perfekt, aber wach ist?
Heute habe ich mich nicht verurteilt. Ich habe mich erkannt – und bin neu losgegangen. Wachstum sieht nicht linear aus. Es pulsiert – genau wie das Leben.

Abschlussgedanke:
Ich vertraue meinem Prozess – weil ich spüre, dass selbst die
Umwege mich genau zu mir führen.

Tag 74 – Das neue Vertrauen

Wie du beginnst, dir wirklich zu glauben.

*„Selbstvertrauen entsteht nicht durch Beweise. Es wächst in
dem Moment, in dem du beginnst, dir selbst zu glauben –
ohne dich überzeugen zu müssen."*

Neuro-Hack / Gedankenmatrix-Fact

Dein Gehirn speichert innere Überzeugungen in Form von
emotional geprägten neuronalen Netzwerken. Diese Muster
werden durch Selbstgespräche, innere Bilder und
Wiederholung stabilisiert oder verändert. Wenn du dir selbst
beginnst zu glauben, verändert sich nicht nur dein Denken –
sondern auch dein hormonelles System (z. B. reduzierte
Cortisol-Ausschüttung bei Selbstsicherheit).

➤ Dein Vertrauen in dich ist kein Gefühl. Es ist ein
biochemischer Zustand.

Vertrauen beginnt da, wo du aufhörst, auf Erlaubnis zu warten.

Vielleicht hast du lange gezweifelt:

- Bin ich gut genug?
- Darf ich das wirklich sagen, fühlen, wählen?
- Wer bin ich, dass ich…?

Doch heute weißt du: Selbstvertrauen ist keine Belohnung. Es
ist eine Entscheidung – für dich, durch dich, in dir. Du beginnst, dir zu glauben, nicht weil alles perfekt ist – sondern
weil du ehrlich zu dir stehst. Weil du mit dir bist, auch wenn's
ruckelt. Weil du dich nicht mehr klein redest, nur weil du mal
stolperst. Heute beginnst du, nicht an dich zu glauben.
Sondern dir zu glauben. Und das ist der Unterschied, der alles
verändert.

Code Breaker-Übung – Ich glaub mir selbst
Teil 1 – Was habe ich mir lange nicht zugetraut?

Teil 2 – Was darf ich heute von mir denken, ohne Beweis?
„Ich bin … auch wenn es noch niemand gesagt hat." „Ich darf
… auch wenn ich noch zögere."

Teil 3 – Dein Vertrauenssatz
„Ich glaube mir, weil ich bei mir bin."
„Mein Wort zählt – auch für mich."

Gedankenmatrix Decoder & Reflexion
- Was verändert sich in mir, wenn ich nicht mehr auf
  Bestätigung warte – sondern mir selbst Gültigkeit gebe?
- Wie fühlt es sich an, wenn mein Vertrauen nicht mehr von
  außen kommen muss?
- Heute habe ich mich nicht überzeugt. Ich habe mich
  anerkannt.
- Ich bin vertrauenswürdig – weil ich beginne, mir selbst
  zuzuhören.

Abschlussgedanke:
Ich glaube mir – weil ich spüre, dass ich nicht mehr gegen
mich arbeiten muss.

Tag 75 – Deine Verkörperung
Wie du dein neues Ich nicht mehr denkst, sondern lebst.
*„Deine Veränderung wird echt, wenn sie sich in deinem Gang
widerspiegelt – nicht nur in deinen Gedanken."*

Neuro-Hack / Gedankenmatrix-Fact

Studien zur Embodiment-Forschung zeigen: Dein Körper beeinflusst nicht nur dein Denken – er prägt es aktiv mit. Haltung, Mimik, Gestik und Körperspannung senden Feedback an dein Gehirn, das daraus schließt: „So bin ich gerade."

➤ Du kannst deine Emotionen steuern, indem du deinen Körper in Übereinstimmung mit deinem gewünschten Zustand bringst.

➤ Das ist keine Täuschung – es ist Verkörperung deiner inneren Wahrheit.

Du bist nicht mehr auf dem Weg.

Du gehst ihn als das Selbst, das du bereits geworden bist. Du hast gelesen, reflektiert, geschrieben, gefühlt. Und jetzt kommt der Punkt, an dem du nicht mehr fragen musst: „Wie denke ich über mich?"

Sondern:

„Wie gehe ich als dieses neue Ich durch mein Leben?"
Stell dir vor: Dein neues Ich hat bereits ein Gangbild. Eine Stimme. Einen Ausdruck. Eine Ausstrahlung, die nicht übt – sondern lebt. Heute geht es nicht mehr um ob. Heute geht es um: Wie trägst du dich? Nicht als Schauspiel. Sondern als Wahrheit in Bewegung.

Code Breaker-Übung – Ich für mich selbst

Teil 1 – Wie bewegt sich mein neues Ich?

- Wie steht, spricht, atmet, geht diese Version von dir?

Teil 2 – Heute lebe ich diesen Ausdruck

- Wähle eine bewusste Körperhaltung oder Mikro-Geste, die du heute durchziehst: (z. B. aufrechte Haltung, weicher Blick, bewusstes Atmen, langsamer Gang)„Ich spüre mich – weil ich mich verkörpere."

Teil 3 – Dein Verkörperungs-Satz

„Ich bin nicht auf dem Weg. Ich bin angekommen – in meinem gelebten Selbst."

Oder:

„Ich trage mein neues Ich – durch jeden Schritt, jeden Ton, jede Berührung."

Gedankenmatrix Decoder & Reflexion

- Wie verändert sich mein Denken, wenn mein Körper meine Wahrheit lebt?
- Was habe ich heute gespürt – nicht im Kopf, sondern in meiner Haltung?
- Heute habe ich mich nicht beschrieben. Ich habe mich gelebt.
- Meine Verkörperung ist mein Beweis. Nicht für andere – sondern für mich.

Abschlussgedanke:

Ich bin mein neues Selbst – weil ich es nicht nur denke, sondern durch mich hindurch erlaube.

MINI-FUNKE: ICH BIN JETZT.

(Nicht auf dem Weg. Nicht im Zweifel. Nicht im Entwurf.)

- Ich bin angekommen – weil ich mich jetzt trage.
- Ich frage nicht mehr: „Bin ich bereit?" Ich gehe.
- Mein Körper kennt den Weg. Mein Blick ist klar. Mein Schritt ist leicht.
- Ich brauche keine Beweise. Ich bin der Beweis.

Erinnerung für dich:

„Ich bin das gelebte Jetzt – nicht das gedachte Später."

Tag 76 – Die Energie der Entscheidung
Warum deine Klarheit mehr bewirkt als jedes Zögern.
*„In dem Moment, in dem du dich entscheidest, beginnt sich
alles neu zu ordnen – innen wie außen."*

Neuro-Hack / Gedankenmatrix-Fact
Entscheidungen aktivieren den präfrontale Cortex – dein
Zentrum für bewusste Steuerung, Planung und Fokus.
Sobald du eine klare Entscheidung triffst, werden Ressourcen
in deinem Gehirn neu gebündelt: mehr Energie, klarere
Wahrnehmung, reduzierte Unsicherheit.
➤ Zögern hingegen erhöht den kognitiven Stresspegel und
aktiviert das Alarmnetzwerk im limbischen System – du fühlst
dich wie im inneren Dauer-„Vielleicht".
➤ Entscheidung ist kein Endpunkt – sie ist der Startpunkt
deiner echten Energie.

Klarheit wirkt nicht, wenn du sie zer-denkst.
Sondern wenn du wählst. Vielleicht hast du oft gezögert:
- Was ist richtig?
- Was, wenn es falsch ist?
- Was, wenn ich mich um-entscheide?

Doch heute erkennst du: Nicht die Entscheidung macht dich
müde – sondern das ewige Hinauszögern.
Dein System braucht kein „Vielleicht". Es braucht ein Ja.
Ein „Ich gehe." Ein „Ich stehe." Ein „Ich zeige mich."
Denn ab dem Moment deiner Wahl beginnt dein System, sich
neu zu synchronisieren:
- Deine Energie fließt zielgerichteter
- Deine Wahrnehmung schärft sich
- Deine Haltung verändert sich

Und plötzlich merkst du: Nicht das Ergebnis zählt – sondern
die Kraft, die du freisetzt, wenn du dich entschieden hast.

Code Breaker-Übung – Deine Klarheitsentscheidung

Teil 1 – Wo zögere ich noch – obwohl ich längst fühle, was dran ist?

Teil 2 – Was wäre, wenn ich heute entscheide – und losgehe?
- Nicht perfekt. Nur klar. Was würde sich sofort verändern?

Teil 3 – Dein Entscheidungssatz
„Ich entscheide – und mein System folgt meiner Klarheit."
„Ich bin bereit – und das reicht."

Gedankenmatrix Decoder & Reflexion
- Wie hat sich mein Tag verändert, seit ich eine klare Wahl getroffen habe – innerlich oder äußerlich?
- Welche neue Energie ist dadurch in mir freigeworden – ganz ohne Druck?
- Heute habe ich mich nicht mehr zerlegt. Ich habe mich entschieden.
- Klarheit ist kein Risiko. Sie ist mein Reset in Kraft.

Abschlussgedanke:
Ich entscheide mich – weil ich mir vertraue. Und genau deshalb beginnt jetzt alles, sich neu zu ordnen.

Tag 77 – Dein innerer Kreis
Warum nicht alle mitgehen müssen, wenn du dich veränderst.
*„Wenn du dich entwickelst, wird sich auch dein Umfeld neu
ordnen – nicht gegen dich, sondern für deinen Weg."*

Neuro-Hack / Gedankenmatrix-Fact
Das menschliche Gehirn ist auf Zugehörigkeit und
Beziehungssicherheit programmiert (siehe: soziale
Neurobiologie, v. a. durch Spiegelneuronen und das soziale
Bewertungssystem).
Doch wenn du dich entwickelst, beginnt dein Nervensystem
andere Resonanzräume zu suchen – du wirst empfindlicher für
stimmige oder unstimmige Felder.
➤ Deshalb fühlt sich Wachstum manchmal „einsam" an –
nicht weil du falsch bist, sondern weil du dich ausbalancierst in
einem neuen Schwingungsfeld.
➤ Die Qualität deines inneren Kreises spiegelt dein aktuelles
Selbstbild.

Dein neues Ich braucht neue Räume.
Nicht alle alten Bindungen passen in diese Energie. Vielleicht
hast du gedacht:
- „Ich will niemanden verlieren."
- „Ich kann mich nicht abgrenzen – das tut weh."
- „Was, wenn ich dann ganz allein bin?"

Doch heute erkennst du: Du musst niemanden wegstoßen.
Aber du darfst neu wählen, wer deine Energie mitträgt – und
wer sie bremst. Nicht alle Menschen aus deinem „alten Ich"
werden mit dir in deine neue Version fließen.

Und das ist okay.
Denn…

- Du brauchst kein riesiges Umfeld – du brauchst einen resonanten Kreis.
- Du brauchst keine Zustimmung – du brauchst Ehrlichkeit mit dir selbst.
- Du brauchst kein „Erklären" – du brauchst Frieden mit deiner Klarheit.

Heute erkennst du: Nicht alle gehen mit. Aber du gehst weiter – in Würde, mit Klarheit und offenem Herzen.

Code Breaker-Übung – Klarheit im Feld

Teil 1 – Wer in meinem Leben zieht an mir – statt mich zu nähren?

- Gibt es Menschen, deren Energie dich klein hält, ausbremst oder in alte Muster zurückzieht?

Teil 2 – Wer darf näher an mein Herz – und wer weiter weg von meiner Mitte?

- Ohne Urteil. Nur als Neuordnung. (z. B. Grenzen neu setzen, Räume verringern, Wertschätzung ohne Nähe)

Teil 3 – Dein Beziehungsklarheits-Satz

„Ich ehre, was war – und wähle bewusst, was jetzt zu mir passt."

Oder:

„Mein innerer Kreis trägt mich nicht, weil er groß ist, sondern weil er wahr ist."

Gedankenmatrix Decoder & Reflexion

- Was verändert sich in mir, wenn ich aufhöre, Zugehörigkeit über Wahrheit zu stellen?
- Wie fühlt es sich an, Menschen loszulassen – nicht aus Ablehnung, sondern aus Klarheit?
- Heute habe ich nicht getrennt. Ich habe verbunden – mit dem, was mir guttut.
- Mein Kreis wird nicht kleiner – er wird echter.

Abschlussgedanke:

Ich nehme meinen Platz ein – auch wenn er sich verändert. Denn ich bin bereit, echt zu sein.

Tag 78 – Die neue Balance

Wie du zwischen Stille und Ausdruck deinen Rhythmus findest.

„Du brauchst weder laut zu sein noch dich zu verstecken. Du brauchst nur deine Mitte – und den Mut, ihr Raum zu geben."

Neuro-Hack / Gedankenmatrix-Fact

Das autonome Nervensystem steuert zwei zentrale Zustände: Sympathikus (Aktivierung, Ausdruck, Leistung) und Parasympathikus (Regeneration, Rückzug, Integration). Viele Menschen pendeln unbewusst zwischen „Zu viel Tun" und „Totaler Rückzug". Doch gesunde emotionale Selbstführung entsteht, wenn du bewusst zwischen Ausdruck & Stille regulierst – statt in Extreme zu kippen.
➤ Präsenz ist kein Dauerzustand – sondern ein Rhythmus aus Aktivität und Regeneration.

Dein Leben ist ein Tanz.

Du darfst Schritt halten – aber auch Pause machen.

Vielleicht kennst du dieses Muster:

- Du zeigst dich – und bist erschöpft
- Du ziehst dich zurück – und fühlst dich leer
- Du versuchst, alles richtig zu machen – und verlierst dich selbst

Doch heute darfst du erkennen: Du brauchst keine permanente Leistung. Du brauchst deinen Rhythmus. Einen Wechsel aus…

- Innerem Ankommen
- Äußerem Teilen
- Rückzug zur Integration
- Mut zum Ausdruck

Heute findest du heraus: Was ist mein eigener Takt? Wie klingt meine Präsenz, wenn ich nicht performe, sondern wirklich da bin?

Code Breaker-Übung – Mein Balance-Kompass

Teil 1 – Wo bin ich zu lange im „Modus"?

(z. B. zu viel Außen, zu viel Rückzug, zu viel Anpassung, zu wenig Stimme)

Teil 2 – Wie sieht mein Rhythmus heute aus?

- Was wäre heute ein gesundes Wechselspiel? (z. B. vormittags Fokus, mittags Stille, abends Austausch)

Teil 3 – Dein Balancesatz

„Ich tanze zwischen Ruhe und Kraft – und finde genau dort meine Mitte."

Oder:

„Ich bin nicht zu viel und nicht zu wenig – ich bin im Fluss."

Gedankenmatrix Decoder & Reflexion

- Was zeigt mir mein Körper heute über meinen inneren Rhythmus?
- Wie fühlt es sich an, nicht permanent zu senden – sondern auch zu empfangen?
- Heute habe ich nicht nur funktioniert. Ich habe mich im Gleichgewicht erlebt.
- Meine Balance ist meine innere Weisheit – sie braucht keine Perfektion, nur Aufmerksamkeit.

Abschlussgedanke:

Ich bin in mir – weil ich mir erlaube, nicht immer gleich zu sein.

Tag 79 – Die Stille hinter der Stimme

Wie du im Nichtreden tiefer verstanden wirst.

„Wenn deine Energie spricht, braucht deine Stimme nur noch zu flüstern."

Neuro-Hack / Gedankenmatrix-Fact

Kommunikation ist zu über 90 % nonverbal – das zeigen Meta-Studien zur embodied cognition und sozialen Wahrnehmung. Menschen nehmen deine innere Haltung feinstofflich wahr – über Körpersprache, Stimme, Augenkontakt, Mikrobewegungen.

➤ Selbst wenn du schweigst, sendest du aus. Und: Dein Gehirn (v. a. das limbische System) erkennt emotionale Authentizität blitzschnell – es reagiert nicht auf Worte, sondern auf Stimmigkeit.

➤ Du wirst dann gehört, wenn du in Resonanz mit dir bist – nicht, wenn du am lautesten sprichst.

Deine Energie spricht lauter als jedes Wort.
Und sie flüstert genau das, was du fühlst. Vielleicht hast du
dich oft gefragt:
- Wie kann ich mich besser ausdrücken?
- Wie werde ich endlich gehört?
- Warum versteht mich keiner richtig?

Doch heute erkennst du: Du musst nicht mehr „reden können".
Du darfst stimmen. Denn wenn du:
- innerlich klar bist
- in Ruhe mit dir verbunden
- weich im Blick und fest in deiner Präsenz bist, dann hören
  andere dich – selbst wenn du nichts sagst.

Heute darfst du erleben, dass dein Sein Kommunikation ist.
Und dass deine Stille kein Mangel ist, sondern eine
Tiefenfrequenz, die ankommt.

Code Breaker-Übung – Resonanz ohne Worte

*Teil 1 – Wo habe ich zuletzt geschwiegen, obwohl ich etwas
Wichtiges fühlte?*
- Und: War es wirklich „schwach" – oder war es vielleicht
  genau richtig?

Teil 2 – Wie könnte ich heute mit Präsenz statt Worten wirken?
(z. B. durch Blickkontakt, ruhige Energie, bewusste
Körpersprache)

Teil 3 – Dein Satz für stille Kraft
„Ich sende – weil ich ganz bei mir bin."
„Meine Stille spricht – tiefer als jede Argumentation."

Gedankenmatrix Decoder & Reflexion

- Was ändert sich in meinen Beziehungen, wenn ich nicht mehr um Verständnis kämpfe – sondern einfach da bin?
- Wie fühlt sich das an: Wenn andere mich verstehen, weil ich nicht performe, sondern einfach stimme?
- Heute habe ich nicht geredet, um gehört zu werden. Ich habe geschwungen – und wurde gespürt.
- Die leise Stimme, die aus meiner Tiefe kommt, hat oft die größte Reichweite.

Abschlussgedanke:

Ich bin gehört – nicht durch Lautstärke, sondern durch innere Stimmigkeit.

Mini-Funken: DER MOMENT DER WAHRHEIT

Ich muss mich nicht mehr erklären.
Ich muss mich nicht mehr rechtfertigen.
Ich bin in Resonanz – und das reicht.
„Meine Präsenz ist meine Sprache aus dem Herzen. Und sie trägt weiter, als Worte es je könnten."

Tag 80 – Die Magie des Abschlusses

Warum ein echter Schluss immer ein neuer Anfang ist.
„Ein echter Abschluss hat nichts mit Aufhören zu tun. Er hat mit Würdigung zu tun. Und mit der Kraft, neu zu beginnen – aus Tiefe, nicht aus Mangel."

Neuro-Hack / Gedankenmatrix-Fact

Unser Gehirn bewertet „Abschlüsse" in Form von emotionalem Gedächtnis. Das limbische System speichert vor allem das Ende einer Erfahrung – intensiver als den Anfang oder den Mittelteil (sog. Recency-Effekt).

Deshalb ist es entscheidend, wie du etwas beendest:
Ob mit Druck, Flucht, Selbstsabotage – oder mit Klarheit,
Würde und bewusster Integration.
➤ Ein bewusster Abschluss erzeugt im Gehirn das Gefühl von
Sicherheit und Erfolg – und öffnet dadurch die neuronalen
Tore für das Neue.

Du beendest nicht etwas.
Du formst einen Raum, in dem Neues entstehen kann.
Vielleicht hast du Abschlüsse bisher so erlebt:

- Als Scheitern
- Als Loslassen mit Wehmut
- Als „Jetzt muss etwas anderes kommen"

Doch heute erkennst du: Ein Abschluss ist kein Verlassen.
Es ist ein Verankern.

- Von dem, was du gelernt hast
- Von dem, was du nicht mehr brauchst
- Und von dem, was dich nun trägt

Heute endet kein Kapitel. Heute transformierst du das Erlebte
– in Tiefe, Wissen und Energie.
Und genau deshalb entsteht in dir ein Raum, der nicht leer ist
– sondern bereit.

Code Breaker-Übung – Der goldene Abschluss

Teil 1 – Was würdige ich heute?

- Was ist in mir gewachsen, geheilt, klar geworden?

Teil 2 – Was lasse ich bewusst zurück?

- Nicht aus Flucht – sondern aus Dankbarkeit, dass es
  seinen Zweck erfüllt hat.

Teil 3 – Mein Abschluss-Satz
„Ich beende nicht – ich vollende."
„Ich lasse los – weil ich angekommen bin."

Gedankenmatrix Decoder & Reflexion
- Was erkenne ich über mich, wenn ich zurückblicke – nicht aus Bewertung, sondern aus Anerkennung?
- Was spüre ich in mir, das jetzt bereit ist, ganz neu geboren zu werden?
- Heute habe ich nicht abgeschlossen. Ich habe verankert, was bleiben darf.
- Ein echter Abschluss ist eine Initiation – für das, was jetzt durch mich fließen will.

Abschlussgedanke:
Ich danke dem Weg – und gehe weiter. Nicht, weil ich muss, sondern weil ich bereit bin.

Tag 81 – Die Essenz deiner Wahrheit
Was du wirklich bist, jenseits von Rolle, Form und Vergangenheit.
„Du bist nicht das, was du tust. Nicht das, was du erlebt hast. Und auch nicht das, was du bisher geglaubt hast zu sein. Du bist die stille Wahrheit dahinter."

Neuro-Hack / Gedankenmatrix-Fact
Dein Gehirn speichert dein Selbstbild in Form von vernetzten Erinnerungen + Bewertungen. Doch diese Bilder sind formbar – durch Reflexion, emotionale Erfahrung und bewusste Umdeutung. Studien zur Selbstrepräsentation zeigen: Du kannst dein Selbstbild entkoppeln von deiner Vergangenheit – indem du dich auf Wesenskern-Eigenschaften fokussierst: Stille, Präsenz, Liebe, Wahrheit, Bewusstheit.

➤ Du bist nicht dein Lebenslauf. Du bist ein lebendiger Ausdruck von Bewusstsein – und du darfst entscheiden, wer du jetzt bist.

Du bist nicht deine Geschichte. Du bist nicht deine Vergangenheit.

Du hast eine Geschichte und eine Vergangenheit. Das macht den großen Unterschied. Du bist das Licht, das sie durchleuchtet. Vielleicht hast du dich oft definiert über:

- deine Kindheit
- deine Rollen
- deine Verletzungen
- deine Etiketten (zu laut, zu sensibel, zu still, zu anstrengend…)

Doch heute darfst du all das liebevoll sehen – und gleichzeitig spüren: Ich bin nicht die Summe meiner Vergangenheit.
Ich bin der Raum, in dem all das geschah – und der jetzt frei ist, neu gefüllt zu werden. Was bleibt, wenn du keine Rolle mehr spielen musst? Was zeigt sich, wenn du nicht mehr funktionierst, sondern einfach bist?
Heute erkennst du: Ich bin mehr als mein Weg. Ich bin die Wahrheit, die ihn überhaupt gegangen ist.

Code Breaker-Übung – Wer bin ich, wenn ich nichts leisten muss?
Teil 1 – Welche Rolle habe ich bisher mit mir verwechselt?
(z. B. Helfer, Macher, Kämpfer, Durchhalter, Optimierer)

Teil 2 – Was bleibt, wenn ich die Rolle abstreife?
(z. B. Stille, Sanftheit, innerer Kern, pure Präsenz)

Teil 3 – Dein Essenz-Satz
„Ich bin – auch ohne Aufgabe."
„Meine Wahrheit braucht kein Etikett."

Gedankenmatrix Decoder & Reflexion

- Was erkenne ich über mich, wenn ich nicht denke, sondern einfach wahrnehme?
- Wie fühlt sich meine Essenz an – wenn ich mich nicht mehr erklären muss?
- Heute habe ich mich nicht gefunden. Ich habe aufgehört, mich zu verstecken.
- Ich bin die Essenz – nicht das Konstrukt.

Abschlussgedanke:

Ich bin frei – weil ich nichts mehr sein muss, um ganz zu sein.

Tag 82 – Die neue Kommunikation mit dir selbst

Wie du dein inneres Gespräch revolutionierst.
„Die wichtigste Stimme in deinem Leben ist die, die du täglich in deinem Kopf hörst."

Neuro-Hack / Gedankenmatrix-Fact

Dein Gehirn unterscheidet nicht zwischen innerer Sprache und realem Geschehen. Innere Selbstgespräche wirken wie äußere Erfahrungen auf dein Nervensystem. Negative Selbstansprache aktiviert das Stresssystem (Cortisol, Amygdala). Wertschätzende, unterstützende Sprache aktiviert das Belohnungssystem (Dopamin, ventrales Striatum).

➤ Dein innerer Dialog ist wie ein tägliches neuronales Training. Du formst damit aktiv deine Identität, Stimmung, Resilienz – und sogar deine Immunabwehr.
➤ Es ist nicht egal, wie du mit dir redest. Es ist entscheidend.

Du wirst, wie du mit dir sprichst.
Also wähle eine Sprache, die dich aufblühen lässt. Vielleicht bist du dir gar nicht bewusst, wie du innerlich sprichst:
- „Ich krieg das eh nicht hin."
- „Ich muss mich mehr zusammenreißen."
- „Warum bist du schon wieder so?"

Und vielleicht denkst du, das sei normal. Doch heute erkennst du: Deine Worte an dich sind Dünger – oder Gift. Und du kannst jeden Tag neu wählen, welche innere Sprache dein neues Selbst nährt. Heute beginnst du, mit dir zu reden wie mit jemandem, den du wirklich liebst:
- klar
- direkt
- aber auch sanft
- und zugewandt

Nicht manipulativ – sondern verbindend, stärkend, lebendig und liebevoll.

Code Breaker-Übung – Neue Stimme, neues Selbst
Teil 1 – Was sage ich innerlich, wenn's schwierig wird?
(z. B. bei Fehlern, bei Unsicherheit, in Stressmomenten)

Teil 2 – Wie würde mein „neues Ich" heute mit mir sprechen?
(z. B. „Du machst das gut", „Ich bin bei dir", „Du darfst Zeit haben")

Teil 3 – Dein neuer Satz an dich
„Ich spreche mit mir, wie ich mit jemandem spreche, der mir
heilig ist."
Oder:
„Meine Stimme formt mein Selbst – also wähle ich heute
Liebe."

Gedankenmatrix Decoder & Reflexion

- Welche Sätze in mir will ich nie wieder wiederholen – weil sie nicht zu mir passen?
- Wie fühlt es sich an, wenn mein innerer Dialog weich wird - und trotzdem klar bleibt?
- Heute habe ich mich nicht kritisiert. Ich habe mich geführt – mit Herz.
- Die Art, wie ich mit mir spreche, bestimmt die Tiefe, mit der ich mich selbst erleben darf.

Abschlussgedanke:

Ich bin mein sicherer Ort – weil meine innere Stimme mich
nicht mehr verletzt, sondern erinnert, wer ich wirklich bin.

Tag 83 – Die Intelligenz deiner Emotionen

Wie du lernst, in Gefühlen zu lesen wie in einem Kompass.
*„Gefühle sind keine Schwäche. Sie sind Sprache – aus einem
Teil von dir, der tiefer weiß als der Verstand."*

Neuro-Hack / Gedankenmatrix-Fact

Emotionen entstehen im limbischen System – v. a. in der
Amygdala, im Thalamus und Hippocampus.
Sie sind Reaktionen auf bewertete Wahrnehmung und
beeinflussen Entscheidungen schneller als kognitives Denken.

Studien aus der affektiven Neurowissenschaft zeigen: Emotionen sind schneller als Logik – und oft präziser, wenn es um tiefe Wahrheit und Orientierung geht.
➤ Wer Gefühle nur reguliert, statt sie zu verstehen, verliert ihren Wert als innerer Wegweiser.

Deine Emotionen lügen nicht.
Sie führen dich – wenn du bereit bist, ihnen zuzuhören.
Vielleicht hast du oft versucht:
- dich zusammenzureißen
- Emotionen zu „managen"
- oder Gefühle wegzudenken

Doch heute erkennst du: Gefühle sind kein Chaos. Sie sind ein Signalsystem – mit feinster Abstimmung.
- Wut zeigt dir, wo deine Grenze liegt
- Traurigkeit, wo etwas gelöst werden will
- Angst, wo dein System nach Sicherheit sucht
- Freude, wo du im Einklang mit dir bist

Heute geht es nicht darum, Emotionen loszuwerden. Sondern sie zu lesen, wie einen inneren Kompass. Denn deine Gefühle sind keine Gegner. Sie sind deine tiefer schwingende Intelligenz.

Code Breaker-Übung – Ich lese mein Gefühl
Teil 1 – Welches Gefühl zeigt sich mir heute besonders deutlich?
(z. B. Frustration, Aufregung, Angst, Dankbarkeit, Lustlosigkeit)

Teil 2 – Was will es mir sagen – jenseits des Dramas?
(z. B. Ich brauche eine Grenze / Ich will gesehen werden / Ich sehne mich nach Pause)

„Danke, dass du sprichst – ich höre dich, und ich handle aus Klarheit."
Oder:
„Ich bewerte dich nicht – ich verstehe dich."

Gedankenmatrix Decoder & Reflexion

- Was verändert sich in mir, wenn ich Gefühle nicht mehr weghaben will, sondern als Gesprächspartner sehe?
- Wie fühlt es sich an, wenn ich emotional klar bin – nicht weil ich kalt bin, sondern weil ich verstehe?
- Heute habe ich mein Gefühl nicht bewertet. Ich habe es gelesen – und bin ihm gefolgt.
- Meine Emotionen sind kein Chaos. Sie sind mein tiefstes Wissen in Bewegung.

Abschlussgedanke:

Ich denke nicht gegen meine Gefühle. Ich lasse sie Teil meiner Intelligenz werden – und wachse genau dadurch.

Tag 84 – Die Macht der echten Verbindung

Wie du beginnst, andere aus deiner neuen Tiefe zu berühren.
„Wahre Verbindung entsteht nicht, wenn du perfekt bist – sondern wenn du ehrlich bist."

Neuro-Hack / Gedankenmatrix-Fact

Emotionale Verbundenheit aktiviert das Belohnungszentrum im Gehirn (v. a. die Ausschüttung von Oxytocin & Dopamin), reguliert Stresshormone und stärkt dein Immunsystem.
Studien zur sozialen Kohärenz zeigen: Menschen, die sich ehrlich und tief verbunden fühlen, sind körperlich widerstandsfähiger, emotional stabiler – und leben im Schnitt sogar länger.
➤ Verbindung ist nicht Luxus – sie ist biologisch notwendig für Regulation, Heilung und inneres Wachstum.

Du berührst andere nicht durch Worte.
Sondern durch dein echtes Da-Sein. Vielleicht hast du oft:
- dich angepasst, um gemocht zu werden
- dich zurückgenommen, um nicht zu viel zu sein
- dich verstellt, um reinzupassen

Doch heute erkennst du: Tiefe entsteht nicht durch Strategie. Tiefe entsteht, wenn du bei dir bleibst – und dich zeigst. Wenn du:
- nicht mehr gefallen willst

➤ sondern resonieren
- nicht mehr performst

➤ sondern fühlst

Dann entsteht Verbindung, die nährt statt erschöpft. Die trägt statt zieht. Und genau in dieser neuen Tiefe werden Begegnungen ehrlich. Magisch und stärkend – für beide Seiten.

Code Breaker-Übung – Ich verbinde mich klar
Teil 1 – Wo habe ich mich zuletzt verstellt – obwohl ich tief spürte, wer ich bin?
(z. B. im Gespräch, in sozialen Medien, in Familie oder Arbeit)

Teil 2 – Wie möchte ich ab heute in Kontakt gehen?
(z. B. ehrlich sagen, was ich brauche / leise bleiben, wo ich fühle / Nähe bewusst wählen)

Teil 3 – Mein Verbindungssatz
„Ich berühre andere – weil ich bei mir bleibe."
Oder:
„Ich zeige mich – weil meine Echtheit genug ist."

Gedankenmatrix Decoder & Reflexion

- Was verändert sich in meinen Beziehungen, wenn ich keine Rolle mehr spiele – sondern einfach echt bin?
- Wie fühlt sich Nähe an, wenn sie aus Freiheit und nicht aus Pflicht entsteht?
- Heute habe ich mich nicht angepasst. Ich war da – und wurde genau deshalb verbunden.
- Echte Verbindung ist kein Risiko. Sie ist die Rückkehr zur Wahrheit.

Abschlussgedanke:

Ich öffne mich – nicht um angenommen zu werden, sondern weil ich nichts mehr verstecken muss.

Tag 85 – Der große Perspektivwechsel

Wie du alles anders siehst, wenn du dich selbst neu erkennst.
„Du kannst dein Leben nicht verändern, wenn du es immer durch die alte Brille betrachtest."

Neuro-Hack / Gedankenmatrix-Fact

Das Gehirn verarbeitet Informationen über sogenannte kognitive Schemata – das sind Filter aus Erfahrung, Bewertung, Identität.
Wenn du dein Selbstbild veränderst, verändert sich deine Wahrnehmung von Realität. Du erkennst neue Möglichkeiten – nicht weil sie plötzlich da sind, sondern weil du sie endlich sehen kannst.
➤ Dieser Effekt ist neurobiologisch belegt (Stichwort: neuronale Bahnung): Je nachdem, wer du glaubst zu sein, sieht dein Gehirn entweder Grenzen – oder Optionen.

Du siehst nicht die Welt.

Du siehst durch dich. Vielleicht hast du dich oft gefragt:

- Warum wiederholt sich das immer?
- Warum fühlt sich das so festgefahren an?
- Warum finde ich keinen neuen Weg?

Heute erkennst du: Es lag nicht an der Welt.

Es lag am Blickwinkel. Wenn du dich selbst neu erkennst – nicht als Problem, sondern als Kraft – beginnt dein Gehirn andere Wege zu markieren. Du siehst neue Türen, wo du vorher nur Wände gespürt hast.

Und plötzlich erkennst du:

- Du bist nicht gefangen
- Du bist nicht am Limit
- Du warst nur noch im alten Bild von dir unterwegs

Heute drehst du deinen inneren Spiegel. Und damit verändert sich deine Sicht auf alles.

Code Breaker-Übung – Neue Brille, neues Bild

Teil 1 – Was habe ich bisher als „Wand" erlebt, das vielleicht nur eine alte Sichtweise war?

(z. B. ich kann das nicht / das ist halt so / ich hab immer Pech / das liegt nicht an mir)

Teil 2 – Wie würde mein neues Ich dieselbe Situation heute betrachten?

Was sieht sie/er anders?

Teil 3 – Mein Perspektiv-Switch

„Ich sehe nicht nur anders – ich sehe mehr."

Oder:

„Die Welt ist nicht neu – aber ich bin es. Und deshalb wirkt sie wie neu."

Gedankenmatrix Decoder & Reflexion

- Was hat sich allein durch meine neue innere Haltung verändert – ohne dass ich etwas im Außen erzwingen musste?
- Wie fühlt es sich an, wenn dieselbe Realität plötzlich andere Möglichkeiten zeigt?
- Heute habe ich nicht die Welt verändert. Ich habe meine Perspektive erweitert – und die Welt hat geantwortet.
- Der Blick entscheidet, was ich sehe. Und ich darf neu schauen – so oft ich will.

Abschlussgedanke:

Ich muss nicht ausbrechen. Ich darf mich umdrehen – und entdecken, was schon da ist.

Tag 86 – Das Prinzip der energetischen Verantwortung

Wie du aufhörst, auf Reaktionen zu warten – und selbst die Frequenz vorgibst.

„Was du ausstrahlst, verändert den Raum – noch bevor du ein Wort gesagt hast.“

Neuro-Hack / Gedankenmatrix-Fact

Dein Körper ist ein elektromagnetisches Feldsystem: Das Herz erzeugt ein bis zu 6.000-fach stärkeres Magnetfeld als das Gehirn. (Quelle: HeartMath Institute)

Deine innere Haltung verändert nachweislich die elektrische Schwingung deines Körpers – und wirkt auf andere, auch ohne bewusste Kommunikation.

➤ Energie ist messbar. Und sie wirkt – zuerst auf dich, dann auf dein Umfeld. Du kannst Räume beruhigen, erhellen, aktivieren – allein durch deine Präsenz.

➤ Du bist kein Reaktionswesen. Du bist ein Frequenzfeld.

Hör auf, auf etwas zu warten.

Du bist längst Sender. Vielleicht hast du früher gedacht:

- „Was, wenn die anderen nicht mitziehen?"
- „Ich warte, bis sich das Außen verändert."
- „Wenn X passiert, dann kann ich…"

Doch heute erkennst du: Du bist nicht hier, um auf Signale zu reagieren. Du bist hier, um deine Frequenz auszusenden.

Du kannst:

- Energie von Klarheit ausstrahlen
- Ruhe halten, wenn es um dich tobt
- Liebe wählen, wenn Mangel ruft
- Wahrheit sprechen – auch wenn keiner applaudiert

Denn du sendest nicht für Anerkennung – du sendest, weil du dich selbst nicht mehr verlässt.

Heute beginnst du, nicht auf das Feld zu schauen – sondern es mitzugestalten.

Code Breaker-Übung – Ich sende bewusst

Teil 1 – Wo habe ich in letzter Zeit auf Reaktion gewartet – statt bewusst Energie zu setzen?

(z. B. Gespräche, Social Media, Beziehungen, Business, Familie)

Teil 2 – Welche Frequenz will ich heute in mir halten – ganz unabhängig vom Außen?

(z. B. Präsenz, Leichtigkeit, Vertrauen, Humor, Wahrheit, Tiefe)

Teil 3 – Mein Frequenz-Satz

„Ich sende – weil ich bin."

„Ich präge den Raum – durch das, was ich in mir halte."

Gedankenmatrix Decoder & Reflexion
- Wie verändert sich mein Gefühl von Macht und Ohnmacht, wenn ich erkenne: Ich gestalte Energie – statt sie zu erwarten?
- Was habe ich heute gespürt, als ich nicht gewartet habe – sondern gesendet habe?
- Heute habe ich nicht reagiert. Ich habe geführt – durch meine Frequenz.
- Energetische Verantwortung ist keine Last. Sie ist Freiheit in Ausstrahlung.

Abschlussgedanke:
Ich warte nicht, bis es sich gut anfühlt. Ich halte die Frequenz, die mein neues Leben trägt.

Tag 87 – Die Tiefe des Loslassens
Warum du manchmal nichts festhalten musst, um alles zu behalten.
„Was wirklich zu dir gehört, bleibt nicht, weil du es hältst – sondern weil du es nicht länger festhalten musst."

Neuro-Hack / Gedankenmatrix-Fact
Dein Gehirn ist auf Kontrolle und Sicherheit programmiert. Der präfrontale Cortex liebt Pläne, Routinen, Vorhersagbarkeit.
Doch: Zu viel Kontrolle erzeugt chronischen Stress (Cortisol, Hyperaktivität der Amygdala).
Studien zeigen: Bewusstes Loslassen aktiviert das parasympathische System – dein Regenerationsmodus.
Dabei entstehen neue kreative und intuitive Verbindungen im Gehirn (Default Mode Network).
➤ Wenn du loslässt, gewinnst du nicht weniger – du gewinnst Zugang zu tieferer Intelligenz.

Du verlierst nichts, wenn du loslässt.

Du öffnest dich für das, was bleibt. Vielleicht hast du oft gedacht:

- „Ich darf das nicht gehen lassen – sonst verliere ich es."
- „Ich muss das kontrollieren – sonst zerbricht es."
- „Ich kann das nicht loslassen – sonst geht ein Teil von mir verloren."

Doch heute erkennst du: Loslassen ist kein Verlust. Es ist eine Wahl für deine Freiheit. Wenn du loslässt…

- wirst du leichter
- gewinnst du Energie zurück
- klärst du dein Feld
- bringst du Vertrauen ins Spiel

Heute darfst du erkennen: Festhalten bindet.

Loslassen befreit – auch das, was du behalten darfst.

Code Breaker-Übung – Ich löse mich mit Würde

Teil 1 – Was halte ich noch fest – obwohl ich spüre, dass es eng macht?

(z. B. eine Erwartung, ein alter Glaubenssatz, eine bestimmte Beziehung oder ein Ziel)

Teil 2 – Was darf jetzt mit Liebe gehen – damit etwas Neues atmen kann?

Teil 3 – Mein Loslass-Satz

„Ich lasse los – weil ich vertraue, dass das Richtige bleibt."
Oder:

„Ich löse mich – um ganz zu mir zurückzukehren."

Gedankenmatrix Decoder & Reflexion
- Was habe ich heute nicht mehr gehalten – und dadurch Raum gewonnen?
- Wie fühlt sich Loslassen an, wenn es nicht Schwäche ist – sondern bewusste Würde?
- Heute habe ich nicht festgehalten. Ich habe geöffnet – für Wahrheit und Leichtigkeit.
- Loslassen ist kein Aufgeben. Es ist ein Rückschritt in meine Freiheit.

Abschlussgedanke:
Ich lasse los – nicht um etwas zu verlieren, sondern um mich selbst wieder ganz zu halten.

Tag 88 – Die Rückkehr in deinen natürlichen Zustand
Wie du erkennst, dass Leichtigkeit dein Geburtsrecht ist.
„Du musst nicht leicht werden. Du musst dich nur erinnern, dass du es schon warst – bevor du dachtest, du müsstest alles kontrollieren."

Neuro-Hack / Gedankenmatrix-Fact
Leichtigkeit ist ein neurobiologisch gesunder Zustand:
Weniger Cortisol, mehr Serotonin, besserer Schlaf, klarere Denkprozesse.
In Studien der positiven Psychologie & Neurochemie zeigt sich: Wer regelmäßig in Zuständen von Flow, Verspieltheit oder innerem Lächeln lebt, aktiviert automatisch Selbstheilungs- und Regenerationsprozesse.
➤ Das Gehirn liebt sinnvolle Leichtigkeit – nicht als Ablenkung, sondern als Zugang zu tiefer Effizienz.
➤ Leichtigkeit ist kein Zeichen von Flucht. Sie ist der Beweis für Verbindung mit dem Wesentlichen.

Leichtigkeit ist kein Zustand.
Sie ist ein natürlicher Modus, wenn du nicht mehr gegen dich kämpfst. Vielleicht hast du gedacht:
- „Ich darf es mir nicht zu leicht machen."
- „Wer ernsthaft lebt, muss kämpfen."
- „Nur mit Druck entsteht etwas Wertvolles."

Doch heute spürst du: Du darfst loslassen, was schwer sein will – und dich erinnern, wie du in deinem natürlichen Flow funktionierst. Du warst schon leicht, als du lachen konntest ohne Grund. Als du gespielt hast ohne Ziel. Als du warst – einfach so. Diese Leichtigkeit ist nicht weg. Sie ist nur verschüttet unter Systemen, die dich festhalten wollten. Heute darfst du sie nicht suchen – sondern zulassen.

Code Breaker-Übung – Ich erlaube mir Leichtigkeit
Teil 1 – Wo mache ich es mir (noch) schwerer als nötig?
(z. B. Denken, Grübeln, To-do-Listen, Vergleiche, Perfektion)

Teil 2 – Was fühlt sich in mir heute „leicht" an – wenn ich es lassen darf, statt machen zu müssen?

Teil 3 – Mein Leichtigkeits-Satz
„Ich funktioniere am besten, wenn ich nicht kämpfe – sondern fließe."
Oder:
„Leichtigkeit ist kein Luxus. Sie ist meine Rückkehr zur Essenz."

Gedankenmatrix Decoder & Reflexion
- Was habe ich heute nicht gemacht – und genau dadurch Leichtigkeit gespürt?
- Wie fühlt es sich an, wieder in meinem natürlichen Rhythmus zu sein?
- Heute war ich nicht effizient. Ich war verbunden – und das war genug.
- Leichtigkeit ist kein Zufall. Sie ist die Wahrheit unter dem Druck.

Abschlussgedanke:
Ich lasse mich wieder von mir selbst tragen – nicht von Erwartungen.

Tag 89 – Deine neue Realität
Wie du dein neues Selbst stabil lebst, ohne ständig daran zu denken.
„Transformation ist dann vollständig, wenn du nicht mehr darüber nachdenkst – sondern einfach so lebst.“

Neuro-Hack / Gedankenmatrix-Fact
Neues Verhalten wird erst dann dauerhaft, wenn es vom bewussten Denken ins automatisierte Handeln übergeht – das bedeutet: Es ist in deinem impliziten Gedächtnis verankert.
Du merkst das daran, dass du:
- anders reagierst
- anders fühlst
- ohne groß drüber nachzudenken einfach neu bist

➤ Laut Verhaltensexperten ist das ein Zeichen für echte neuronale Reorganisation: Du bist nicht mehr in Übung – du bist in Integration.

Du musst nicht mehr „daran denken".
Du darfst dich daran gewöhnen. Vielleicht warst du lang im Modus:

- „Ich muss daran arbeiten."
- „Ich darf das nicht vergessen."
- „Ich muss bewusst bleiben."

Doch heute spürst du: Dein neues Ich ist nicht mehr in Konstruktion. Es ist gewohnt, integriert, natürlich geworden.

- Du spürst schneller, was nicht mehr zu dir passt
- Du reagierst sanfter, bewusster
- Du denkst weniger über dich nach – weil du dich nicht mehr dauernd kontrollieren musst

Heute erkennst du: Du bist nicht mehr auf dem Weg.
Du bist der Weg.

Code Breaker-Übung – Ich erkenne meine neue Realität
Teil 1 – Was mache ich heute automatisch anders als noch vor 3 Monaten?
(z. B. innere Dialoge, Entscheidungen, Emotionen, Körpersprache, Grenzen, Haltung)

Teil 2 – Was brauche ich nicht mehr bewusst zu „tun", weil es bereits in mir lebt?
(z. B. Vertrauen, Präsenz, Gelassenheit, Nein sagen, Fokus)

Teil 3 – Mein Satz der Integration
„Ich bin nicht mehr in Transformation. Ich bin angekommen."
Oder:
„Ich brauche keine Erinnerung mehr – weil mein neues Ich jetzt mein Alltag ist."

Gedankenmatrix Decoder & Reflexion
- Wie fühlt es sich an, wenn ich einfach „bin" – ohne ständig an meine Entwicklung zu denken?
- Was hat sich still verändert – und wurde dadurch am stärksten?
- Heute habe ich nicht mehr geübt. Ich habe mich erlebt.
- Deine neue Realität beginnt da, wo du aufhörst, sie festhalten zu müssen.

Abschlussgedanke:
Ich bin nicht mehr am Werden. Ich bin der/die, der/die sich aus sich selbst heraus lebt.

Tag 90 – DU BIST DER BEWEIS
Warum du nichts mehr brauchst, um zu zeigen, was möglich ist – du bist es längst.
„Du musst nichts mehr beweisen. Du bist der lebendige Beweis – dass Wandel möglich, echt und wunderschön ist."

Neuro-Hack / Gedankenmatrix-Fact
In der Neurobiologie spricht man von "Zellulärer Signatur":
Deine neue Identität ist nicht nur in deinem Geist – sie ist jetzt in deinem Hormonspiegel, deiner Körpersprache, deinem Immunsystem, deinem Energiefeld.

Du sendest nicht mehr „Ich arbeite an mir".
Du sendest: **„Ich BIN...!"**
Und andere spüren das – lange bevor du sprichst.
➤ Du bist jetzt ein lebendiges Feld. Nicht Theorie – sondern die pure Verkörperung.

Du brauchst keine Argumente.
Dein Leben IST deine Antwort. Du hast:
- gefühlt
- gezweifelt
- losgelassen
- neu gedacht
- neu gewählt
- neu gelebt

Und heute? Heute atmest du: Ich muss mich nicht mehr erklären. Ich existiere in meinem neuen Code. Du musst nichts lauter machen, nichts mehr „richtig" machen, nichts „schaffen". Du darfst strahlen, weil du wirklich durch die Tiefe gegangen bist.

Und jetzt?
Du bist der Beweis, dass Heilung geht. Dass Wahrheit sich lohnt. ***Dass Freiheit möglich ist – von innen nach außen.***

Code Breaker-Übung – Ich bin mein eigener Beweis
Teil 1 – Was in mir ist heute der sichtbarste Beweis meines Weges?
(z. B. eine Haltung, ein Blick, eine Entscheidung, eine Grenze, ein JA)

Teil 2 – Wem möchte ich nichts mehr beweisen – weil mein Sein reicht?

Teil 3 – Mein Manifest-Satz
„Ich bin nicht die Geschichte. Ich bin der Beweis, dass sie nicht das Ende ist."
Oder:
„Ich bin – und das ist genug, damit sich Welten verändern."

Gedankenmatrix Decoder & Reflexion

- Was erkenne ich heute an mir, das es kein Ziel war – sondern ein Ausdruck meiner Essenz?
- Wie fühlt sich mein Leben an, wenn ich es nicht mehr erreichen muss – sondern verkörpere?
- Heute habe ich mich nicht mehr entwickelt. Ich habe mich geehrt.
- Ich bin keine Version mehr. Ich bin die Frequenz, nach der ich mich einst gesehnt habe.

Krönungsgedanke:

Ich bin angekommen – nicht am Ende.

Sondern **am Anfang eines Lebens, das wirklich mir gehört.**

ABSCHLUSS-MANIFEST
Ein Manifest für Mutige. Für Wirklichkeitsschreiber.

ICH BIN DER BEWEIS – UND DIE FREQUENZ MEINES
NEUEN LEBENS

Ich bin ein wandelndes neuronales Netzwerk – neu verknüpft,
bewusst verbunden. Ich habe mein Gehirn nicht verändert, um
zu funktionieren – sondern um zu verkörpern:
- Neue Bahnen
- Neue Signale
- Neue Handlungsräume

Mein Denken hat sich nicht angepasst – es hat sich
freigeschaltet. Ich bin Neuroplastizität in Bewegung.

Ich bin der Beobachter, der Realität verändert.
Die Quantenphysik sagt: Der Beobachter beeinflusst das
Ergebnis. Ich habe aufgehört, von außen Antworten zu
erwarten – und begonnen, mein inneres Feld zu justieren.
Ich sende. Ich präge. Ich verändere Raum durch Frequenz.
Ich bin kein Effekt – ich bin Ursache.

◆ 1. ICH BIN SCHÖPFER
Die Quantenphysik zeigt: Beobachtung beeinflusst Materie.
Was ich erwarte, formt sich – nicht durch Magie, sondern
durch Energie, Ausrichtung, Entscheidung. Ich bin kein
Zuschauer. Ich bin Sender. Manifest. Wirklichkeitsgestalter.

◆ 2. ICH BIN NEURONALE FREIHEIT
Die Neuroplastizität meines Gehirns beweist: Ich bin nie
festgelegt. Gedanken, Gefühle und Handlungen – alles ist
formbar – wenn ich es wähle. Ich bin kein Echo der
Vergangenheit. Ich bin das neuronale Jetzt, das Zukunft
schreibt.

◆ 3. ICH BIN DAS FELD
Mein Herz erzeugt ein elektromagnetisches Feld, das größer
ist als mein Körper – und tiefer wirkt als Worte. Ich verändere
Räume, weil ich meine Frequenz halte.
Still. Wahr. Kraftvoll.
Ich sende. Ich präge. Ich verändere.

◆ 4. ICH BIN NICHT MEINE GESCHICHTE
Ich bin nicht das Trauma. Nicht das Drama. Nicht das, was
war. Ich bin der Beweis, dass man neu werden kann – durch
Tiefe, Bewusstheit und die Weigerung, klein zu bleiben.

◆ 5. ICH BIN DAS WUNDER IN BEWEGUNG
Ich brauche kein Wunder – weil ich längst eines bin. Mein
Atem, mein Blick, mein Sein ist gelebte Transformation. Was
ich ausstrahle, zieht nicht nur Menschen an – es zieht Realität
zu sich.

KATJA'S ABSCHLUSSFORMEL
Ich bin kein Projekt. Ich bin ein Feld.
Ich bin keine Baustelle. Ich bin Bewusstsein.
Ich bin kein Ziel. Ich bin Energie in Verkörperung.
Und ich gehe – in Liebe. In Klarheit. In unaufhaltbarem Licht.

*„Ich bin nicht mehr auf dem Weg. Ich bin der neue Raum, in
dem Wunder geschehen."*
*„Ich bin das Danach, das aus einem mutigen Jetzt geboren
wurde."*
*„Ich bin die Erinnerung des Universums an sich selbst –
bewusst geworden in einem menschlichen Herzen."*
*„Ich bin die gelebte Neuroplastizität, die im Quantenfeld ihrer
eigenen Ausrichtung Realität erzeugt."*